1001 PITFALLS IN *French*

Third Edition

Annie Heminway
Alliance Française
New York, New York

James H. Grew
Former Chairman,
Modern Language Division
Phillips Academy
Andover, Massachusetts

Daniel D. Olivier
French Department
Phillips Academy
Andover, Massachusetts

Barron's Educational Series, Inc.

APR 04

All inquiries should be addressed to:
Barron's Educational Series, Inc.
250 Wireless Boulevard
Hauppauge, New York 11788

Library of Congress Catalog Card No. 96-86393

International Standard Book No. 0-8120-9651-7

PRINTED IN THE UNITED STATES OF AMERICA
9876

CONTENTS

INTRODUCTION

This book is not a dictionary, nor a textbook, nor a grammar to aid in the learning of French. Rather, it is a book intended to be consulted by teachers and students in the conventional four-year high school and two-year college language sequences. It collects in convenient form many of the pitfalls that plague the learner and are not always easy to track down elsewhere, particularly since contemporary French is undergoing startling changes and some standard textbooks and reference works are no longer up to date.

In order to help identify as many pitfalls as possible, we prepared and circulated two questionnaires, one for students, the other for teachers. The returns proved most helpful: the students felt the chief stumbling blocks were the subjunctive and the conjugation of irregular verbs. We ourselves would have said that pronouns and the use of prepositions would have been the most troublesome. One message came in loud and clear on practically every return—the ardent desire to communicate in the foreign language.

The questionnaire returned by teachers was also helpful and informative. Pronouns, prepositions, and the use of tenses were identified as major areas of difficulty. We also received numerous examples of textbook French no longer common usage among educated Frenchmen. *Réaliser*, for example, is now a synonym for *se rendre compte* and consequently can be used like its English cognate.

So this book provides fresh mortar to patch up the teaching and learning of French where it has traditionally been leaky. It also provides a floodgate through which "le bon usage" can flow. American French should be up to date and in line with vocabulary and structure already adopted in France. We have listed among our various categories causing difficulties some "vieux jeu" expressions that are no longer heard, and grammatical usages at variance with what we learn in our texts. Sometimes manuscripts submitted for publication in *The French Review* advocate structure in direct contradiction to what native French contributors tell us is now quite acceptable, although in violation of rules laid down in American grammars.

We should like to take this opportunity to express our thanks to those who have helped in so many ways in compiling this book. We are grateful to our students who took time and thought to let us know their views and problems. We are grateful, too, to the teachers who gave us the benefit of their experience and competence. Special appreciation is due our colleagues past and present here at Phillips Academy—Samuel Anderson, Hale Sturges, Stephen Whitney—our two "Français de France"—Catherine Kirkland and Jean Raynaud— and Mme Jean Raynaud who typed our manuscript and solved many of our linguistic perplexities.

In our search we went far beyond the 1001 pitfalls suggested by the title. Still others have been omitted because they were too esoteric for the purposes of this book. We have no aim really other than that of trying to help improve the quality of French teaching and learning in this country, and to bring American French more in line with today's French language. And, of course, we all wish our students to break through to the level of control of a beautiful language where they can find the fun and wonder and delight that French has added to our own lives.

Abbreviations

Here is a list of the most common abbreviations in French, divided into two parts. The first consists of those symbols you will find throughout this text to indicate parts of speech and other grammatical points, followed by other abbreviations that are commonly used and very helpful to know.

Grammatical Abbreviations Used in This Book

adj.	adjectif	loc. relat.	locution relative
adv.	adverbe	m.	masculin
cf.	comparez	n.	nom
comp.	comparatif	N.B.	notez bien
conj.	conjonction	p.	page
ex.	exemple	pl.	pluriel
fam.	familier	prép.	préposition
f.	féminin	pron.	pronom
indéf.	indéfini	rel.	relatif
interj.	interjection	s.	singulier
loc. adv.	locution adverbiale	v.	verbe
		v. i.	verbe intransitif
loc. conj.	locution conjonctive	v. imp.	verbe impersonnel
		v. t.	verbe transitif
loc. prép.	locution prépositive		

Common French Abbreviations

One point to remember: the use of the period differs from English. The French only use it when the last letter of the abbreviation is not the last letter of the word abbreviated. One writes the abbreviation for *Monsieur* with a period—*M.*—but not *Mademoiselle*—*Mlle*—as the word and its shortened form both end with the letter *e*.

c-à-d.	c'est-à-dire
Cie	Compagnie
cl.	centilitre
cm	centimètre
Dr	docteur
Etc.	*etcetera*, et le reste
E.V.	en ville
g	gramme
ha.	hectare
Ibid.	*ibidem*, au même endroit
Id.	*idem*, le même
J.-C.	Jésus-Christ
	av. J.-C. = avant Jésus-Christ
	apr. J.-C. = après Jésus-Christ
kg	kilogramme
km	kilomètre
M.	Monsieur
m	mètre
m^2	mètre carré
Me	Maître, titre donné aux avocats, etc.
Mgr	Monseigneur
MM.	Messieurs
Mme	Madame
Mlle	Mademoiselle
O.N.U.	Organisation des Nations Unies
O.T.A.N.	Organisation du traité de l'Atlantique Nord
P.C.	parti communiste
P.J.	Police judiciaire
P.-S.	*post-scriptum*
P.S.	parti socialiste
qqch	quelque chose
qqf	quelquefois
qqn	quelqu'un
Q.G.	quartier général
R.F.	République française
R.S.V.P.	répondez s'il vous plaît
St	Saint
Ste	Sainte

S.E.	Son Excellence
S.M.	Sa Majesté
S.N.C.F.	Société nationale des chemins de fer français
tél.	téléphone
T.S.V.P.	tourner s'il vous plaît

Punctuation Marks

There are happily no surprises or *pièges* to speak of in this category. Still, you may be puzzled at first, to see dialogue indicated by a dash in the left-hand margin, indicating a different speaker. Usually, in this case, quotation marks are not used.

Signes de Punctuation

.	un point
,	une virgule
;	un point-virgule
:	deux points
—	un tiret
…	les points de suspension
" "	les guillemets (m.) (ouvrir et fermer)
( )	la parenthèse (ouvrir et fermer la parenthèse)
?	le point d'interrogation
!	le point d'exclamation
´	un accent aigu
`	un accent grave
^	un accent circonflexe
ç	la cédille
..	le tréma
-	le trait d'union
[ ]	les crochets (m.) (entre crochets)

N.B. Dans cet ouvrage nous nous servons de ≠ pour indiquer le contraire: *chaud ≠ froid.*

Si vous commencez un nouveau paragraphe, vous allez à la ligne.

Reading Hints

Reading French prose is not too difficult as the word order is not so very different from the English, and the more literary the vocabulary, the more similar it becomes. It is the simple words, the names for everyday objects, that differ radically, and these are learned before the student is ready for anything but controlled reading. We have listed here a few gimmicks that might bother the unwary reader. By stopping to reason, one can avoid misinterpreting a not very complicated sentence.

1. Il faut savoir distinguer entre les pronoms relatifs *qui* et *que*: *qui*, sujet du verbe; *que*, objet du verbe.

   > Comparez ces deux phrases:
   > L'homme *qui* est près de la cheminée est italien.
   > L'homme *que* vous voyez là-bas est italien.
   >
   > La veste *qui* est dans la vitrine me plaît beaucoup.
   > La veste *que* tu as achetée est trop grande.

   NOTEZ: Une personne ou une chose peuvent être sujet ou objet.

2. Ne soyez pas surpris de voir le verbe *faire* utilisé dans un dialogue:

   > —Bonjour, *fit-il*. Pour éviter la répétition constante de *dit-il*, on substitue *fit-il*.
   > (fit = passé simple de faire)

3. Une inversion ne représente pas toujours une question. Quand des mots tels que *aussi, peut-être, en vain, à peine, ainsi* se trouvent en tête de phrase, l'usage exige une inversion.

   > Peut-être viendra-t-il demain.
   > *À peine* avait-il monté la tente qu'il se mit à pleuvoir.

4. Et un *ne* n'indique pas toujours une phrase négative. Après certains verbes (*craindre, redouter, empêcher*), après *avant que, de crainte que, à moins que, de peur que,* etc., et après une comparaison affirmative qui distingue entre la réalité et l'imaginaire le bon usage demande ce *ne* explétif bien que, de nos jours, ce soit facultatif.

> Je crains qu'il *ne* fasse trop froid pour sortir.
> Finissez le travail avant que la classe *ne se* termine.
> Il est plus intelligent qu'on *ne* le croit.

AU MARCHÉ

Au marché, il est recommandé de ne pas toucher les fruits et légumes. Le marchand de primeurs les choisira pour vous. Une fois que vous aurez établi un rapport avec la personne en question, il ou elle vous vendra les fruits les plus beaux et les plus juteux. Vous comprendrez vite que la place du marché est un endroit idéal pour bavarder et apprendre la différence entre citron et citron vert.

PARTS OF SPEECH
1 Adjectives

ADJECTIVES WITH SPECIAL MASCULINE SINGULAR FORMS

The following adjectives have two forms in the masculine singular: the form given in the left hand column is, of course, the more common; those in the right are only used before masculine singular nouns beginning with a vowel or mute *h*.

beau	bel (le *bel* hôtel)
fou	fol (un *fol* amour)
mou	mol (un *mol* oreiller)
nouveau	nouvel (un *nouvel* édifice)
vieux	vieil (un *vieil* ami)

ADJECTIVES WITH IRREGULAR FEMININES

1. Les adjectifs qui se terminent en *er* prennent un accent grave:

   cher, chère

2. Ceux qui se terminent en *ien* doublent la consonne:

   ancien, ancienne

3. Aussi ceux qui se terminent en *et*:

   muet, muette

EXCEPTIONS: *complète—inquiète*

4. Ceux qui se terminent en *eur* ou *eux* changent la consonne finale
en *s*:

    heureux, heureuse

EXCEPTIONS: *inférieure—meilleure—supérieure*

5. Ceux qui se terminent en *f* changent le *f* en *v*:

    actif, active

6. Et maintenant ceux qui ne figurent pas ci-dessus:

bas	basse
beau	belle
bénin	bénigne
blanc	blanche
bon	bonne
bref	brève
cruel	cruelle
doux	douce
épais	épaisse
faux	fausse
favori	favorite
fou	folle
frais	fraîche
franc	franche
gentil	gentille
gras	grasse
gros	grosse
long	longue
malin	maligne
mortel	mortelle
mou	molle
nouveau	nouvelle
pareil	pareille
public	publique
roux	rousse
sec	sèche
tel	telle

ADJECTIVES THAT ARE THE SAME MASCULINE AND FEMININE

Students are pleased not to have to worry about gender in the case of *rouge, jaune,* etc. Here are some more they needn't concern themselves with except to add an *s* in the plural. And those with an asterisk are invariable and never change.

angora	demi (devant le nom)
argent*	indigo*
auburn*	kaki*
azur*	marron*
bon marché*	nu (devant le nom)*
chic*	or*
citron*	snob

ADJECTIVES USED AS ADVERBS

Here is another example of how languages can be bent to suit special needs and purposes. We do the same thing in English—to fly *straight*, to sing *true*, etc.

PETIT ! PETIT ! PETIT !

Un adjectif très répandu en français est *petit*. On entend fréquemment "mon *petit* jardin"— "un *petit* coup de fil"—"un *petit* moment"— "une *petite* faim," etc.

Nous en ignorons la raison: modestie? simplicité? C'est difficile à expliquer mais c'est pourtant très courant.

Les expressions *j'ai une petite faim, attendez un petit moment,* réfèrent à la taille: pas long, pas beaucoup.

D'autres tombent dans le registre sentimental, affectueux, possessif: *mon petit ami, ma petite femme, ma petite maman, mon petit chou, mon petit ange,* etc.

D'autres encore ont des consonances péjoratives (mépris, sarcasme, menace): *Mon petit vieux; ses petites habitudes; ses petites manies; qu'est-ce qu'elle veut la petite dame?*

Dans un registre sympathique: *passe-moi un petit coup de fil; elle lui prépare des petits plats; on va faire une petite partie de cartes...*

bas	parler *bas*
bon	sentir *bon*
bon marché	acheter (à) *bon marché*
cher	coûter *cher*, payer cher
droit	continuer tout *droit*
faux	chanter *faux*
haut	viser *haut*
mauvais	sentir *mauvais*
vrai	dire *vrai*

ADJECTIVES WITH TWO DIFFERENT MEANINGS
Key:

1. placed before the noun
2. placed after the noun

ancien
1. d'autrefois, ex-
   Un *ancien* athlète a été élu président.
   (A former athlete was elected president.)
2. vieux
   un meuble *ancien*
   (an old piece of furniture)

brave
1. bon, gentil
   C'est un *brave* type.
   (He is a good guy.)
2. courageux
   C'était un homme *brave*.
   (He was a courageous man.)

certain
1. indique plus ou moins vaguement
   dans une *certaine* mesure
   (to some extent)
2. sûr
   une influence *certaine*
   (a definite influence)

cher
1. ce qui est aimé
   ma *chère* cousine
   (my dear cousin)

2. ce qui est coûteux
   un repas très *cher*
   (a very expensive meal)

demi

1. une fraction, 50%
   une *demi*-journée
   (a half day)
2. encore la moitié, 150%
   une livre et *demie*
   (a pound and a half)
   NOTEZ que devant le nom *demi* est invariable et suivi d'un trait d'union; après, il s'accorde et il est précédé de la conjonction *et*.

dernier

1. final, extrême
   C'est sa *dernière* chance.
   (It is his last chance.)
2. le plus récent
   le mois *dernier*
   (last month)

fameux

It takes on different meanings before and after the adjective.
1. C'est le *fameux* jour où il a perdu ses clefs
   = on en parle encore.
2. Elle a attrapé un *fameux* coup de soleil.
3. Votre devoir n'est pas *fameux!* = plutôt mauvais.
4. Il nous a donné une liste de noms *fameux* = des noms de gens célèbres.

fier

1. le sens de *grand*
   Il est *fier* de sa fille.
   (He is proud of his daughter.)
2. synonyme d'*orgueilleux*
   L'homme *fier* dédaigne de nous saluer.
   (haughty)

─────── LE TÉLÉPHONE, SOURCE D'ANGOISSE... ───────

Une jeune Américaine est à Paris. Elle téléphone à une amie qui va lui donner rendez-vous à Auteuil, dans la proche banlieue.

L'amie lui propose de la retrouver dans un café dont elle lui donne l'adresse. Après avoir raccroché le téléphone, l'Américaine—qui n'a pas osé faire répéter le nom du café une troisième fois—se demande si le café s'appelle le Café des Trois Aubes, le Café des Trois Eaux ou le Café des Trois Autobus. Arrivée à destination, elle se rend compte qu'il s'agit du Café des Trois Obus!!!

grand	1. fameux C'est un *grand* pianiste. (He is a famous pianist.) 2. de haute taille C'est une enfant plutôt *grande*. (She is a rather tall child.)
honnête	1. honorable, décent une *honnête* intention (an honorable intention) 2. raisonnable C'est un prix *honnête*. (It is a reasonable price.)
méchant	1. nasty, terrible une *méchante* grippe (a bad flu) 2. vicieux, agressif Attention, chien *méchant!* (Beware of the dog!)
même	1. identique La *même* histoire. (the same story) 2. qualité qui marque une qualité possédée au plus haut degré Cette femme est la patience *même*. (She is patience itself.)

pauvre

1. digne de pitié ou de mépris
   C'est un *pauvre* type.
   (He is an idiot!)
2. sans argent
   C'est une famille *pauvre*.
   (It is a poor family.)
3. *Pauvre* enfant!
   (Poor child!)

propre

1. indique la possession
   Ce sont ses *propres* paroles.
   (These are his own words.)
2. contraire de *sale*
   Le chef veut une cuisine *propre*.
   (The cook wants a clean kitchen.)

sale

1. contraire à l'honneur
   C'est une *sale* habitude.
   (It is a nasty habit.)
   C'est un *sale* individu.
   (He is a horrible person.)
2. antonyme de *propre*
   Ne mets pas cette chemise *sale*.
   (Do not wear this dirty shirt.)

seul

1. unique
   Cet homme si désagréable n'a pas un *seul* ami.
   (This unpleasant man does not have a single friend.)
2. solitaire
   C'est un homme *seul*.
   (He is a lonely man.)

sombre

1. sans satisfaction, sans espoir
   C'est une *sombre* vision du monde.
   (It's a gloomy view of the world.)
2. obscur, peu éclairé
   Cette salle sombre est parfaite pour la projection.
   (This dark room is perfect for the screening.)

triste
1. à plaindre, méprisable
C'est un *triste* individu.
(He is a despicable character.)
(synonyme de pauvre)
2. contraire de *gai*
Elle adore les histoires tristes et mélodra-matiques.
(She loves sad and melodramatic stories.)

―――――――――――――――― LA MATINÉE ――――――――――――――――

On peut se demander pourquoi une matinée a lieu l'après-midi! La raison en est très simple. Autrefois, les représentations théâtrales avaient lieu l'après-midi. Par conséquent, s'il y avait une deuxième séance, elle prenait place avant midi pendant la matinée. Quand on a changé l'heure de la séance principale, une deuxième pouvait avoir lieu l'après-midi. Mais on a négligé d'en changer le nom.

2 Nouns

NOUNS THAT CHANGE MEANING ACCORDING TO GENDER

aide
    m. celui qui donne de l'assistance
    f. secours, assistance

crêpe
    m. tissu
    f. galette (crêpes Suzette)

critique
    m. celui qui porte un jugement
    f. l'art de juger, le jugement lui-même

espace
    m. étendue, distance entre deux points
    f. en imprimerie, blanc qui sépare deux lettres

garde
    m. celui ou celle qui garde
    f. action de garder, de surveiller

greffe
    m. bureau où l'on garde les minutes des actes de procédure
    f. 1. pousse d'une plante insérée dans une autre plante pour obtenir de nouveaux spécimens
      2. transplantation d'un organe

guide
    m. livre, personne qui conduit
    f. bande de cuir pour conduire un cheval

livre
    m. ce qu'on lit
    f. poids (demi-kilo), argent britannique

manche
    m. partie d'un instrument ou d'un outil que l'on tient
    f. 1. partie d'un vêtement qui entoure le bras
      2. faire la manche = faire la quête, mendier

manoeuvre	m.	ouvrier non spécialisé
	f.	suite de mouvements ordonnés
mémoire	m.	dissertation, thèse
	f.	faculté de se souvenir
merci	m.	remerciement, manière d'exprimer la gratitude
	f.	grâce, miséricorde
		être à la *merci* de–soumis à l'influence, réduit aux conditions
mode	m.	forme, manière
		les *modes* des verbes
		le *mode* de vie
	f.	habitude, fantaisie, goût collectif, vogue, être à *la mode*
mort	m.	homme décédé, au bridge celui qui ne joue pas
	f.	cessation de la vie
moule	m.	objet dans lequel un liquide prend de la forme en se solidifiant
	f.	mollusque
mousse	m.	jeune garçon qui fait l'apprentissage du métier de marin
	f.	1. bulles de gaz accumulées à la surface d'un liquide. Dessert ou pâté léger
		2. plante verte formant un tapis sur la terre ou la pierre
Noël	m.	1. fête de la nativité, chanson de la nativité;
		2. le Noël—le cadeau que l'on offre à l'occasion de Noël
	f.	elliptique pour la fête de Noël
page	m.	jeune noble qui apprend le métier des armes
	f.	feuille de papier
parallèle	m.	comparaison entre deux sujets
	f.	terme de géométrie ou de géographie

pendule	m.	balancier
	f.	objet qui indique l'heure, plus grand qu'une montre et plus petit qu'une horloge
physique	m.	forme d'une personne
	f.	science
pique	m.	une des couleurs noires d'un jeu de cartes
	f.	arme médiévale
poêle	m.	appareil de chauffage où l'on brûle un combustible
	f.	ustensile de cuisine
poste	m.	emploi
	f.	ligne téléphonique service d'achemine-ment et de distribution du courrier
radio	m.	la personne qui s'occupe de la radio
	f.	l'appareil lui-même
solde	m.	terme commercial qui indique la somme d'une facture qui reste à payer, vente à un prix avantageux—en *solde*, les *soldes*
	f.	l'argent que reçoit un militaire
somme	m.	sommeil
	f.	total
tour	m.	mouvement circulaire, promenade
	f.	bâtiment haut
vague	m.	caractère de quelque chose mal défini
	f.	masse d'eau qui se soulève et s'abaisse
vase	m.	récipient pour les fleurs
	f.	boue au fond d'une rivière, d'un marais, de la mer, etc.
vapeur	m.	bateau qui marche à la vapeur
	f.	amas de gouttelettes s'élevant à la surface d'un liquide

voile   m. tissu fin

                f. toile solide destinée à recevoir les vents pour faire avancer un bateau

Masculine Words with Feminine Counterparts

un acteur	une actrice
un aviateur	une aviatrice
un bélier	une brebis
un bouc	une chèvre
un canard	une cane
un cerf	une biche
un compagnon	une compagne
un conducteur	une conductrice
un conspirateur	une conspiratrice
un copain	une copine
un coq	une poule
un daim	une daine
un diable	une diablesse
un dieu	une déesse
un dindon	une dinde
un empereur	une impératrice
un étalon (cheval)	une jument
un époux	une épouse
un favori	une favorite
un frère	une soeur
un garçon	une fille
un gendre	une belle-fille
un Grec	une Grecque
un héros (*h* aspiré)	une héroïne (*h* muet)
un historien	une historienne
un homme	une femme
un instituteur	une institutrice
un loup	une louve
un maître	une maîtresse
un mâle	une femelle
un mari	une femme
un monsieur	une dame
un mulet	une mule

un neveu	une nièce
un ogre	une ogresse
un oncle	une tante
un papa	une maman
un parrain	une marraine
un pauvre	une pauvresse
un pécheur	une pécheresse
un pêcheur	une pêcheuse
un père	une mère
un porc	une truie
un prêtre	une prêtresse
un prophète	une prophétesse
un roi	une reine
un serviteur	une servante
un sot	une sotte
un Suisse	une Suissesse
un taureau	une vache
un Turc	une Turque
un veuf	une veuve

Masculine Nouns that Apply to Women as Well

acquéreur	critique
agent	démon
agresseur	député
amateur	despote
ancêtre	diplomate
ange	disciple
antagoniste	docteur
architecte	écrivain
assassin	escroc
auteur	fournisseur
bébé	guide
bourreau	imposteur
censeur	ingénieur
charlatan	interprète
chauffeur	juge
chef	libraire
compositeur	mannequin

médecin	possesseur
membre	prédécesseur
ministre	professeur
monstre	régisseur
oppresseur	sauveteur
orateur	sculpteur
peintre	soldat
penseur	successeur
philosophe	témoin
pionnier	tyran
politique	vainqueur

Feminine Nouns that Apply to Males as Well

brute	recrue
célébrité	sentinelle
dupe	star
majesté	vedette
personne	victime

NOUNS WITH DIFFERENT MEANINGS SINGULAR AND PLURAL

This is a curious category, examples of which are rather rare in English. We speak of something being an *honor*, and a host might ask a friend to do the *honors* during a brief absence. The meaning has certainly changed from the singular to the plural. More common in English is a word with one meaning as an adjective and another as a plural noun: this book is *new*; what is the *news*?

Examples are perhaps easier to find in French, but some of them go through the same metamorphosis as their English equivalents. In any case, one has to be alert to be sure to interpret the correct meaning.

affaire, *f.*   s. une entreprise
                      pl. commerce

bien, *m.*	s. contraire de *le mal*
	pl. possessions
ciel, *m.*	s. espace visible au-dessus de notre tête
	pl. paradis
ciseau, *m.*	s. outil pour le sculpteur
	pl. outil pour couper le papier ou une étoffe
conve-	s. conformité, harmonie, rapport
nance, *f.*	pl. les règles de politesse, d'usage
	respecter *les convenances*
frais, *m.*	s. l'air tiède—il prend le *frais.*
	pl. les dépenses—les *frais* d'un voyage
grain, *m.*	s. 1. vent violent accompagné de précipitations
	2. fragment, corpuscule (grain de sable)
	pl. les céréales
habit, *m.*	s. costume porté par les hommes pour les grandes soirées
	pl. ensemble de vêtements
lunette, *f.*	s. télescope
	pl. ce que portent ceux dont la vue est mauvaise
politesse, *f.*	s. ensemble des règles de civilité
	pl. paroles de politesse
	Ils se font des *politesses.*
profon-	s. distance entre la surface et le fond
deur, *f.*	pl. endroit profond
progrès, *m.*	s. mouvement en avant
	pl. améliorations
reste, *m.*	s. ce qui demeure
	pl. ossements

trait, *m.*	s. action de tirer, ligne qu'on trace, fait remarquable, ce qui caractérise Il a montré un *trait* de courage extraordinaire.
	pl. parties du visage qui permettent de reconnaître l'individu
vacance, *f.*	s. état d'être vide
	pl. congé: les *vacances* de Pâques, partir en *vacances* Il y a une *vacance* dans cet immeuble.

NOUNS USED ONLY IN THE PLURAL

Many, but not all, of the words in this category are plural in form but singular in meaning.

aguets (être aux), *m.*	être sur ses gardes, épier
aïeux, *m.*	ancêtres
appointements, *m.*	salaire
archives, *f.*	collection de manuscrits, lieu où on les garde
condoléances, *f.*	sympathie
confins, *m.*	limites
dépens, *m.*	frais, détriment
directives, *f.*	instructions, ordres (rare au sing.)
entrailles, *f.*	intestins
fiançailles, *f.*	promesse de mariage
funérailles, *f.*	cérémonie mortuaire
gens, *m. et f.*	les personnes

moeurs, *f.*	habitudes
nippes, *f.*	vêtements pauvres et usés
obsèques, *f.*	cérémonie funèbre
pleurs, *m.*	larmes
pour-parlers, *m.*	négociations
semailles, *f.*	action de planter
ténèbres, *f.*	obscurité profonde
toilettes, *f.*	les W.C.

────────────── CHUT ! ──────────────

Encore un exemple des petites différences entre l'anglais et le français: tandis que nous prenons soin de ne pas déranger un *chien* qui dort, le Français nous conseille de ne pas réveiller le *chat* qui dort.

IRREGULAR PLURALS OF NOUNS AND ADJECTIVES

This category is sown with potential *pièges*, but may not really be that troublesome since students sometimes remember irregularities better than innocuous items. It's the irregularities that give a language a little spice, but this comment should not be construed in such a way as to include mistakes.

1. Les noms et les adjectifs qui se terminent en *s*, *x*, ou *z* ne changent pas au pluriel: le fils, les fils; le choix, les choix; le nez, les nez; le gaz, les gaz

2. Ceux qui se terminent en *au*, *eu*, ou *eau* prennent un *x*: le joyau, les joyaux; le feu, les feux; le tableau, les tableaux

EXCEPTIONS: Les *pneus*, les *landaus*, *bleus*

3. Ceux qui se terminent en *al* changent *al* en *aux*: le cheval, les chevaux; le général, les généraux

EXCEPTIONS: Les *bals*, les *carnavals*, les *festivals*, les *récitals*

EXCEPTIONS: Aussi, les adjectifs:

banal	glacial
choral	natal
fatal	naval
final	

4. Au moins cinq noms en *ail* changent *ail* en *aux*:

les baux	les travaux	les coraux
les émaux	les vitraux	

5. Sept noms en *ou* prennent un *x*:

les bijoux	les hiboux
les cailloux	les joujoux
les choux	les poux
les genoux	

6. D'autres irrégularités:

le ciel	les cieux (poésie, peinture, religion)
madame	mesdames
mademoiselle	mesdemoiselles
monsieur	messieurs
un oeil	deux yeux
le sketch	les sketches
un jeune homme	des jeunes gens

Quelques Curiosités

DES NOMS MASCULINS AU SINGULIER, FÉMININS AU PLURIEL

amour généralement masculin au singulier comme au pluriel, *amour* est féminin au pluriel au sens de "passion d'un sexe pour l'autre"—de *nouvelles amours*, des *amours séduisantes*. En poésie, *amour* est quelquefois féminin au singulier: *une amour violente*, mais *amour* aujourd'hui est presque toujours du masculin.

délice   m.s. Lire un bon roman est *un* pure *délice*.
f.pl. Les heures passées avec elle sont mes plus *chères délices*.

orgue   est masculin au singulier comme au pluriel sauf dans le terme "les *grandes* orgues"

NOMS MASCULINS OU FÉMININS SELON LE SEXE DE LA PERSONNE

un élève	une élève
un enfant	une enfant
un secrétaire	une secrétaire

EXCEPTION: Le secrétaire d'État à la francophonie s'appelle Mme Sabatier.

Le cas du mot *gens*, toujours au pluriel, présente quelques problèmes spéciaux:

1. Les adjectifs qui précèdent ou suivent se mettent au masculin:

   Tous les *gens vertueux* sont *heureux*.

2. Si l'adjectif se trouve immédiatement devant lui et tous ceux qui précèdent se mettent au féminin:

   Toutes les *vieilles gens*.

3. Mais si l'adjectif immédiatement devant se termine au masculin par un *e* muet, tout adjectif précédant redevient masculin:

   Tous les braves *gens*.

4. On évite de se trouver dans des cas impossibles ou ridicules comme "les gens bons," homonyme de "jambons."

——————— LE FOIE ———————

À entendre parler un Français, on dirait que le seul organe digestif qu'il possède est son foie. Il passe ses vacances dans les villes d'eau à le soigner. Pourtant quand le touriste américain aura fait le même jour deux repas gastronomiques, il commencera à comprendre que le Français n'exagère en rien, et que lui aussi ferait bien de penser à son foie.

SOME INVARIABLE NOUNS AND ADJECTIVES

Here is a list of some invariables. To give them all would be too confusing and too long. Quite a few of the nouns are compound nouns. Their spelling is often capricious, sometimes written as one word, sometimes with hyphens. The formation of the plural is both contradictory and misleading. For instance there is *cache-pot*, invariable, and *couvre-lit*, which takes an *s*. An example is the word *gratte-ciel*. Usually the plural of a word consisting of a verb and a noun makes the noun plural and leaves the verb alone. *Gratte-ciel* remains invariable. It is best to check these irregularities instead of plunging in when you are not sure.

Des mots qui ne changent pas au pluriel:

abat-jour	m.	pur-sang	m.
après-midi	m.	remue-ménage	m.
credo	m.	requiem	m.
décorum	m.	réveil-matin (réveil)	m.
extra	m.	rez-de-chaussée	m.
faire-part	m.	sans-abri	m.
fume-cigarette	m.	sans-coeur	m.
gagne-pain	m.	sans-gêne	m.
gratte-ciel	m.	trompe-l'oeil	m.
guet-apens	m.	va-et-vient	m.
on-dit	m.	volte-face	f.
prie-Dieu	m.		

Tous les composés avec:

anti	(anti-crevaison; f)

coupe	(coupe-papier; m.)
crève	(crève-coeur; m.)
porte	(porte-monnaie; m.)

Et aussi:

1. Les adjectifs composés de couleur sont invariables:

des abat-jour *bleu pâle*

2. des tissus:

bleu lavande

Certains noms employés comme adjectifs restent invariables:

des pommes *nature*

des robes *sport*.

N.B. *Un* après un mot féminin est invariable: la page *un*.

───────── CONFITURE ET PRÉSERVATIFS ─────────

En vacances chez sa cousine dans la banlieue de Lyon, un Américain s'amuse à traduire l'étiquette sur un pot de confiture qu'il lui a apporté des États-Unis. "Cette confiture est garantie sans préservatifs!" (Without condoms.)

À la fin d'un repas, les Américains disent souvent "I am full," ce qui n'est pas considéré poli chez les Français. Si l'hôtesse vous a invité, elle va vous nourrir correctement; il est donc inutile d'en faire tout un plat! Et surtout ne dites pas "je suis plein" qui indiquerait que vous avez consommé plus d'alcool que les convenances ne le permettent.

Peu élégant mais très commun: le mot "quoi" vient souvent ponctuer la phrase au milieu ou à la fin. Cela n'ajoute ni ne retire rien au sens, c'est simplement un tic de langage.

Je ne sais pas, quoi... Il m'a raconté ça, quoi...

3 Prepositions

There is no question that prepositions cause students a great deal of trouble. Why should there be two prepositions used with the word *avion*, for instance, both *en* and *par*? Well, there is a difference that the French see:

> en avion—Une personne voyage *en* avion.

> par avion—Une lettre arrive *par* avion.

The preposition *dans* is also used with the word *avion*:

> *Dans* l'avion, il y avait beaucoup de jeunes gens. (à l'intérieur)

CERTAINES CHOSES À SE RAPPELER

1. Devant un infinitif, certains verbes exigent la préposition *à*, d'autres la préposition *de*, et un troisième groupe, *aucune*.

On peut recommander qu'en apprenant un verbe on apprenne en même temps sa préposition, e.g. *réussir à, empêcher de*.

2. Avec les verbes impersonnels comprenant *être*, l'usage correct exige *il* et *de* si le vrai sujet se trouve après:

> *Il* est important *de* faire son travail.

et *ce* et *à* s'il précède:

> Le travail? *C'*est facile *à* faire.

Mais aujourd'hui, surtout dans la conversation, "*C'*est important *de* faire son travail" trouve de plus en plus droit de cité.

3. On emploie toujours *pour* si l'infinitif répond à la question sous-entendue "pourquoi?"

> Il va au marché *pour* acheter un poulet fermier.

À NOTER: Avec les verbes *aller, descendre, monter* et *venir* on a tendance à supprimer le *pour* si on m'a pas besoin de le faire ressortir. "Il vient me voir" indique une visite seulement mais "Il vient *pour* m'expliquer la chose" indique une raison précise.

4. Après un nom ou un adjectif on emploie souvent la préposition *de*:

> J'ai la permission *de* partir.

> Je suis heureux *de* partir.

mais *prêt à, apte à, tendance à,* etc.

5. Quand l'infinitif a un sens passif on emploie la préposition *à*:

> C'est un film *à* éviter.

> C'est bon *à* manger.

À NOTER: La préposition *après* exige le passé de l'infinitif.

> Exemples:

> *Après être rentrés* nous nous sommes mis à table.

> *Après nous être habillés,* nous sommes partis.

LES PRÉPOSITIONS QUI EXPRIMENT LE TEMPS

Et voici quelques autres sources d'erreurs, les prépositions qui expriment le temps:

1. *Dans* indique le futur:

> Il aura fini tout son travail *dans* trois heures.

2. *En* indique le temps nécessaire pour faire quelque chose:

> Il a fait le trajet de chez lui *en* trois heures.

3. *Depuis* a le sens de *à partir de* et de *pendant*:

> Il est ici *depuis* trois heures.

N.B. Cette phrase a deux sens: il est arrivé à trois heures; voilà trois heures qu'il est ici.

4. *Pendant* a le sens de *durant*:

> Il a parlé à ses amis *pendant* trois heures.

5. *Pour* indique le temps prévu:

> Il va à la campagne *pour* trois jours.

LA PRÉPOSITION *À* DANS LES DESCRIPTIONS

Dans les descriptions on emploie *à* pour ce qui est permanent—la jeune fille *aux* yeux bleus—et l'article défini sans préposition pour une caractéristique temporaire—Elle est assise *les* yeux fermés.

À ou *De*?

1. Je suis obligé *de* partir (adjectif)

> On m'oblige *à* partir (verbe)

2. Je suis décidé *à* partir. (adjectif)

> Je me suis décidé *à* partir. (verbe réfléchi)

DE ET *POUR* DEVANT L'INFINITIF

1. Certaines prépositions ajoutent un *de* devant l'infinitif:

> *afin, avant, à moins*
>
> *afin de* partir
>
> *avant de* partir

N.B. Ces mots suivis de *que* sont des conjonctions.

2. *Assez* et *trop* exigent *pour* devant un infinitif:

J'ai *assez* d'argent *pour* l'acheter.

J'ai *trop* de devoirs *pour* pouvoir vous accompagner.

En français, la forme verbale après une préposition est l'infinitif à une seule exception: avec *en* on se sert du participe présent (le gérondif).

QUELQUES USAGES SUPPLÉMENTAIRES

envers et vers	*Envers* veut dire *à l'égard de*: Il est très aimable *envers* les pauvres. *Vers* indique la direction ou l'approximation: Tournez-vous *vers* la fenêtre. Il va arriver *vers* deux heures.
parier	On parie *pour* une personne: Je parie *pour* le joueur à la casquette. On parie *sur* un animal: Je parie *sur* ce cheval. On parie *avec* ou *contre* un autre: Je n'aime pas parier *avec* votre frère *contre* vous.
reconnais- sant	On est reconnaissant *envers* une personne: Je suis fort reconnaissant *envers* mes parents. Mais: Je *lui* suis reconnaissant *de* s'être chargé de mes enfants pendant mon absence.
souhaiter	Ce verbe se construit avec ou sans *de* devant un infinitif: Je souhaite vous voir = je voudrais. Je *vous* souhaite *de* réussir = espérer.

Il y a des cas où le français comme l'anglais se passe de préposition quand normalement on en attendrait une: *parler politique*; Je vous ai vu la dernière fois *fin mars*.

Mais, en général, il n'y a pas d'ellipse des prépositions, et certaines comme *à, de* et *en* se répètent devant chaque complément: Elle a écrit *à* son père, *à* sa mère, et *à* son frère.

Dans le cas d'autres prépositions, la répétition est facultative et sert à souligner, à faire ressortir chaque complément: Elle s'est lavé les mains *avec* de l'eau chaude, *avec* du savon et *avec* une brosse à ongles.

EXPRESSIONS FAITES AVEC LES PRÉPOSITIONS
Quelques Expressions Avec la Préposition *à*

à bâtons rompus

à bicyclette (à cheval, à pied)

à bientôt (à demain, etc.)

à bon marché

à coeur ouvert

à genoux

à haute voix (à voix basse)

à jamais (pour toujours)

à la française (à l'anglaise, etc.)

à l'âge de

à l'aube

à l'heure

à l'horizon

à l'ombre (au soleil)

à loisir

à même de (capable de)

à mesure

à moitié

à portée de main

à tâtons

à temps

au printemps

c'est à moi

c'est à voir

écrire au crayon (à l'encre)

enclin à

être au désespoir

instrument à cordes (à vent)

mal au dos (au bras, à la gorge etc.)

situé à

sujet à

un arbre à fleurs blanches

un fils à papa

un livre à 100 francs

un oiseau à gros bec

une casserole à queue

Quelques Expressions Avec la Préposition *contre*

échanger une chose contre une autre

être en colère contre

marcher contre l'ennemi

se fâcher contre
troquer une chose contre une autre
une course contre la montre

Quelques Expressions Avec la Préposition *dans*

boire dans un verre
coûter dans les vingt francs, il a dans les cinquante ans
dans la nuit, dans la matinée
dans la rue
lire dans un livre, dans un journal
prendre qqch dans une armoire
prendre un papier dans son sac

Quelques Expressions Avec la Préposition *de*

arriver de nuit	de son mieux
de force	d'ici demain
de loin	discuter de
de long en large	haut de (large de, long de)
de nos jours	payer de sa poche
de nouveau	quoi de neuf ?
de près	rien de bon (mauvais, etc.)
de plus	rouge de colère (de honte, etc.)
de temps en temps (à autre)	traiter de voleur
de toujours	(trois) jours de libre

deux noms unis par *de*

des pommes de terre
un chef de bureau
un toit de chaume
un pot-de-vin
une queue de cheval
une queue de poisson (automobile)

de devant un adjectif

quelque chose de beau, de mauvais, d'intéressant, de difficile,
rien de grave, de catastrophique

de après un participe passé

accompagné de	connu de
aimé de	précédé de
compris de	respecté de

Quelques Expressions Avec la Préposition *en*

en auto (taxi, avion, etc.)	en droit (médecine, etc.)
en automne (été, hiver)	en forme
en avant (arrière)	en résumé
en bas (haut)	en service
en bleu, etc.	en somme
en bon état	en tenue
en bras de chemise	en tout
en bref	en tout cas
en chemin (route)	en toute franchise
en costume	en usage
en cuivre (étoffe, fer, etc.)	être en nage
en déshabillé	fondre en larmes
en dessous (dessus)	supérieur en nombre

Quelques Expressions Avec la Préposition *par*

entrer par la fenêtre (porte)	par douzaine
envoyer par avion	(dizaine, centaine, etc.)
marcher trois par trois	par exemple
par ailleurs	par suite
par beau temps	par surprise
par-ci, par-là	par terre
par chance	par trop
par coeur	passer par Paris (New York, etc.)
par conséquent	payer tant par personne
par contre	payer tant par jour (semaine, mois, etc.)
par dedans	
par dehors	regarder par la porte (fenêtre)
par derrière (devant)	suivre les nouvelles heure par heure
par dessous (dessus)	
par devant	tenir par la main (la manche, etc.)

transporter par bateau
trois fois par an (semaine,
   etc.)

venir par le train

Quelques Expressions Avec la Préposition *sur*

sur commande
sur le boulevard
sur le coeur
sur l'herbe
sur les lieux
sur la droite (gauche)
sur le point
sur le fait
sur mesure
sur pied
aller sur ses quatre
  (dix, etc.) ans
différer sur une question

discuter sur quelque chose
donner sur la mer
être sur le point de (partir, se
  coucher, etc.)
être sur son départ
fermer la porte sur quelqu'un
marcher sur Paris
sur parole
sur soi
oeufs sur le plat
un sur dix (sept sur huit, etc.)
une clé sur la porte

Table Géographique

On Va		On Vient	
en	**Pays Feminins**	**de**	
au, aux	**Pays Masculins**	**du, des**	
à	**Villes**	**de**	

EXCEPTIONS: Il va au Caire.

     Nous revenons du Havre.

4 Pronouns

You will find here tables for the most common pronouns: personal, relative, interrogative—and some hints to avoid confusion and some rules to help you distinguish between persons and things, subjects and objects. You will find, however, as you study more and more, and are subjected more and more frequently to substitution exercises, that there is a logic to pronoun use, and with close attention you should avoid using a direct object pronoun as subject, or a relative for an interrogative.

LES PRONOMS PERSONNELS

Sujet	Tonique (Accentué)	Direct ou Indirect
je	moi	me
tu	toi	te
il, elle	lui, elle	se
nous	nous	nous
vous	vous	vous
ils, elles	eux, elles	se

Seulement Direct	Seulement Indirect
le	lui
la	lui
les	leur

Table pour leur position devant le verbe

me te nous vous	devant	le la les	devant	lui leur	devant	y en

1. On peut avoir un ou deux pronoms:

    Je la mange.

    Je le lui donne.

    Ne me le donne pas.

2. On ne peut employer *Y* et *EN* ensemble sauf avec *Il y a*.

    Il y en a.

    Il y en avait, etc.

N.B. On ne peut employer *Y* avec *irai, irais*, etc. pour éviter "ee-ee."

3. Quand *me, te, se, nous* et *vous* sont "direct," le pronom régime indirect est forcément un pronom tonique (accentué) objet de la préposition *à*:

    Il me présente à sa femme = Il me présente à elle. (me-direct)

    Il me présente sa femme = Il me la présente. (me-indirect)

4. A l'impératif affirmatif, les pronoms se placent après le verbe, et y sont reliés par un trait d'union aussi bien que l'un à l'autre:

    Donnez-*le-lui*.

5. Après le verbe, un objet direct précède toujours un objet indirect et les pronoms *me* et *te* deviennent *moi* et *toi* sauf devant *y* ou *en*:

    Donnez-*le-moi*!

Mais: Donnez-*m'en*! (On laisse tomber le trait d'union quand il y a une apostrophe.)

6. La place du pronom personnel est devant le verbe. On dit normalement, "Je vous parle."

7. De nombreux verbes présentent une difficulté particulière:

> *penser à, s'intéresser à, s'opposer à, s'attacher à, s'accoutumer à, s'habituer à, se consacrer à,* etc.

Si l'objet de *à* est une personne, il faut employer un pronom tonique:

> Je pense à Pierre = Je pense à lui. Je m'intéresse à Claudine = Je m'intéresse à elle.

Si l'objet de *à* est une chose:

> Je pense à mon travail = j'*y* pense.

> Je m'intéresse à mon travail = Je m'*y* intéresse.

> Elle s'habitue *à* son nouveau travail = Elle s'*y* habitue.

> Elle s'habitue *à* son nouvel assistant = elle s'habitue *à* lui.

LES PRONOMS RELATIFS

	Sujet	Objet Direct	Objet d'Une Préposition
Personne	Qui	Que	Qui, lequel, etc.
Chose	Qui	Que	Lequel, etc.

Si la préposition est *de* on peut dire *dont* au lieu de *de qui, duquel,* etc. si la phrase ne contient pas d'autre préposition:

> Voici le docteur *dont* je suis le fils.

Mais

Voici le docteur au fils *duquel* j'ai parlé.

Ensuite il ne faut pas oublier que le mot *dont* se place à côté de son antécédent:

> Qui est cette femme *dont* le fils vient de se marier?

Et que les formes de *lequel* peuvent en être séparées:

> Qui est cette femme au fils de *laquelle* vous venez de parler?

Si le pronom relatif peut servir de réponse à la question "où?", on peut remplacer la forme relative par ce mot:

> Voici le bureau *dans lequel* je travaille.

Où

Voici le bureau *où* je travaille.

En lisant il faut faire attention de ne pas confondre un *qui* sujet et un *que* objet.

N.B. Un pronom relatif s'emploie après *ce* quand la préposition qui précède ne fournit pas d'antécédent.

> *Ce* = (la chose)
>
> Il est important de lui dire *ce qui* est arrivé (la chose qui est arrivée).
>
> Il est important de lui répéter *ce que* vous avez dit (la chose que vous avez dite).
>
> Je ne comprends pas *ce dont* elle parle (la chose dont elle parle).

LES PRONOMS INTERROGATIFS

	Sujet	**Objet Direct**	**Objet d'Une Préposition**
Personne	Qui? Qui est-ce qui?	Qui? Qui est-ce que?	Qui?
Chose	Qu'est-ce qui?	Que? Qu'est-ce que?	Quoi?

Dans les formes composées, la première partie indique *personne* (*qui*) ou *chose* (*que*), tandis que la seconde partie indique *sujet* (*qui*) ou *objet* (*que*).

Notez qu'il n'y a qu'une forme pour "sujet chose": qu'est-ce qui?

D'AUTRES PRONOMS INTERROGATIFS

Lequel, etc. indique un ou plusieurs objets parmi un groupe:

> *Lequel* de ces livres est le vôtre?

Qu'est-ce et *qu'est-ce que c'est* exigent une définition:

> *Qu'est-ce qu'* un hexagone? Un hexagone a six côtés.

Pour les questions indirectes et avec les pronoms démonstratifs, les trois formes sont:

> *ce qui* (*sujet*), *ce que* (*objet*), *ce . . quoi* (*objet d'une préposition*):
>
> Racontez-moi *ce qui* s'est passé.
>
> Montrez-moi *ce que* vous avez écrit.
>
> Dites-leur *ce dont* vous avez besoin.
>
> *Ce* à *quoi* il s'oppose, *c'est* à leurs arguments.

5 Verbs

Verbs probably cause more grief for the student than any other part of speech. There is first of all the question of irregularities in their conjugation. Then, the question of the proper auxiliary, for more than the classic fifteen can take *être* and some of them can take *avoir*. And finally the trickiest question of all: what preposition to use, if any? For this there are no shortcuts or all-embracing rules concerning what may, must, can, or cannot be used under certain circumstances.

What follows is in five parts. Part I deals with orthographic changes in regular *er* verbs, and with certain *pièges* in irregular verbs.

Part II lists the famous fifteen *être* verbs plus others that are sometimes conjugated with *être*.

Part III deals with distinctions of tense and mood.

Part IV deals with the agreement of verb and subject.

Part V gives hints of what prepositions should follow certain verbs and under what circumstances. There you will find rules for the "*Faire* Construction," verbs that take the direct object in French and a preposition in English, others that do the contrary, and still others that may have one object or the other.

PREMIÈRE PARTIE
LES CHANGEMENTS ORTHOGRAPHIQUES DES VERBES DU PREMIER GROUPE

Plus de la moitié des verbes français appartiennent à la première conjugaison; les verbes qui se terminent en *er*. Il n'y en a que deux qui sont irréguliers, *aller* et *envoyer*. Pourtant, certains sont sujets à des changements orthographiques:

1. Les verbes en *CER*

    le *c* devient *ç* devant un *a* ou un *o*: nous *plaçons*

2. Les verbes en *GER*

    le *g* devient *ge* devant un *a* ou un *o*: nous *mangeons*

3. Les verbes en *YER*

    le *y* change en *i* s'il y a un *e* muet dans la syllabe suivante: il *envoie*. Ce changement est facultatif si la terminaison est *ayer*—il *paie* ou il *paye*.

4. Les verbes en *E* consonne *ER*

    dans quelques verbes *e* devient *è* devant un deuxième *e* muet: il *mène*

    La plupart—*appeler*, *épeler*, *jeter*, *renouveler*—double la consonne au lieu de changer le *e* en *è*: il *appelle*, il *jette*.

5. Les verbes en *é* consonne *ER*

    é devient *è* devant un *e* muet sauf au futur et au conditionnel: il *espère*, il *espérera*

DIFFICULTÉS SOULEVÉES PAR LES VERBES EN *IR*

Le participe présent des verbes réguliers de cette conjugaison se termine en **issant**: finir—*finissant*; rougir—*rougissant*

Mais, voici des verbes irréguliers en *ir* dont le participe présent se termine tout simplement en *ant*

bouillir	mourir	servir
courir	offrir	sortir
couvrir	ouvrir	souffrir
cueillir	partir	tenir
dormir	(se) repentir	venir
mentir	sentir	vêtir

Il y a en outre d'autres irrégularités dans ces verbes:

1. Le groupe "couvrir" (*couvrir, offrir, ouvrir, souffrir*) se conjugue au présent de l'indicatif comme les verbes du premier groupe et en plus leur participe passé se termine en *ert*:

    je couvre   couvert

2. Le groupe "dormir" (*dormir, mentir, partir, se repentir, sentir, servir, sortir*) et le verbe *vêtir* se conjuguent au présent de l'indicatif comme les verbes du troisième groupe:

    je dors   nous dormons

3. Pour quatre de ces verbes le participe passé se termine en *u*:

    couru   venu   tenu   vêtu

4. Certains sont irréguliers au futur:

    je courrai   je tiendrai   je mourrai   je viendrai

5. Quant au verbe *bouillir*, le présent de l'indicatif se conjugue:

    je bous, tu bous, il bout, nous bouillons, vous bouillez, ils bouillent

6. Le verbe *mourir* est irrégulier au participe passé—mort—au présent de l'indicatif—je meurs, tu meurs, il meurt, nous mourons, vous mourez, ils meurent—au futur: mourrai, mourras, etc.—et au présent du subjonctif: que je meure, que tu meures, qu'il meure, que nous mourions, que vous mouriez, qu'ils meurent.

7. Et finalement, les verbes *tenir* et *venir* sont également irréguliers au présent de l'indicatif—je tiens, tu tiens, il tient, nous tenons, vous tenez, ils tiennent.

Le verbe *cueillir* se conjugue au présent de l'indicatif et au futur comme un verbe en *er*, mais le participe passé est régulier:

    je cueille   je cueillerai   cueilli

CERTAINS VERBES PRENNENT DEUX *R* AU FUTUR ET AU CONDITIONNEL

	Futur	Conditionnel
acquérir	j'acquerrai	(s)
conquérir	je conquerrai	(s)
courir	je courrai	(s)
envoyer	j'enverrai	(s)
mourir	je mourrai	(s)
pouvoir	je pourrai	(s)
voir	je verrai	(s)

IL Y EN A DEUX DONT LA RACINE DE L'IMPARFAIT DIFFÈRE DE CELLE DU PARTICIPE PRÉSENT

| **avoir** | ayant | j'avais |
| **savoir** | sachant | je savais |

―――――――――――――― MERCI ――――――――――――――

Attention en vous servant de ce mot. Si on vous demande par exemple, "Voulez-vous du café?" un simple "merci" serait une réponse négative. Si, en réalité, vous en voulez, vous devriez dire: "Oui, je veux bien," "Avec plaisir" ou "Volontiers."

―――――――――――――――――――――――――――――――――

CEUX DONT LES IMPÉRATIFS VIENNENT DU SUBJONCTIF

avoir	aie, ayons, ayez
être	sois, soyons, soyez
savoir	sache, sachons, sachez
vouloir	veuille, veuillons, veuillez

IL Y EN A TROIS QUI ONT *ES* COMME TERMINAISON À LA SECONDE PERSONNE DU PLURIEL DU PRÉSENT

vous **dites**   vous **êtes**   vous **faites**

DEUX VERBES SEULEMENT N'ONT PAS *IONS* ET *IEZ* AU PLURIEL DU PRÉSENT DU SUBJONCTIF

avoir	que nous ayons, que vous ayez
être	que nous soyons, que vous soyez

LE PARTICIPE PASSÉ DE TROIS VERBES PREND UN ACCENT CIRCONFLEXE

croître	crû
devoir	dû
mouvoir	mû (mais pas les composés de *mouvoir: émouvoir, promouvoir*)

LES VERBES QUI PRENNENT L'ACCENT CIRCONFLEXE À LA TROISIÈME PERSONNE DU SINGULIER DU PRÉSENT DE L'INDICATIF

apparaître	il apparaît
connaître	il connaît
croître	il croît
naître	il naît
paraître	il paraît
plaire	il plaît

LES VERBES EN *EINDRE* ET A*INDRE* PRÉSENTENT DES DIFFICULTÉS

Il faut faire surtout attention aux deux participes et aux deux présents (de l'indicatif et du subjonctif). Voici la liste des plus importants.

astreindre	feindre
atteindre	geindre
contraindre	joindre
craindre	peindre
enfreindre	plaindre
éteindre	teindre
étreindre	

J'astreins
tu astreins
il astreint
nous astreignons
vous astreignez
ils astreignent
astreignant, astreint

Et en plus il ne faut pas confondre ces verbes avec ceux qui se terminent en *oudre*: **absoudre, dissoudre, résoudre.**

j'absous
tu absous
il absout
nous absolvons

vous absolvez
ils absolvent
absolvant, absoute

LES COMPOSÉS DE *DIRE*

1. *redire* se conjugue comme *dire*

2. *contredire, dédire, interdire, médire* et *prédire* aussi sauf à la 2è personne pluriel: vous *médisez*, etc.

3. *maudire* se conjugue comme *finir*, i.e. les verbes réguliers du 2è groupe.

QUELQUES AUTRES VERBES À SIGNALER

élire qui se conjugue comme *lire*

luire qui se conjugue comme *conduire*

prévoir conjugué comme *voir* sauf au futur et au conditionnel: je prévoirai(s).

QUELQUES VERBES DONT LE PASSÉ SIMPLE N'EST PAS TOUJOURS FACILE À RECONNAÎTRE

avoir	j'eus	pleuvoir	il plut
connaître	je connus	prendre	je pris
être	je fus	savoir	je sus

faire	je fis	tenir	je tins
mettre	je mis	venir	je vins
naître	je naquis	vivre	je vécus
plaire	je plus	voir	je vis

SUPPRESSION DE *PAS*

Avec quatre verbes, il est possible (mais pas obligatoire) de supprimer le *pas* à la forme négative (langage plus soutenu ou littéraire).

cesser	oser	pouvoir	savoir

DEUXIÈME PARTIE

LES VERBES CONJUGUÉS AVEC *ÊTRE*:

1. Tous les verbes pronominaux

   je me *suis* réveillé

   elle *s'est* habillée

   nous nous *sommes* assis

2. Si vous voulez apprendre par coeur la liste des verbes conjugués avec *être*, rappelez-vous cette série de participes passés. En les apprenant par coeur par groupes de trois, il est facile de les fixer dans la mémoire.

   allé / sorti / parti

   venu / revenu / devenu

   entré / resté / tombé

   arrivé / mort / né

   monté / descendu / retourné

QUELQUES VERBES QUI SE CONJUGUENT AVEC *AVOIR* OU *ÊTRE*

Les verbes suivants peuvent être conjugués avec *avoir* ou *être*. S'ils sont suivis d'un objet direct, ils sont conjugués avec *avoir*; s'ils sont suivis d'un objet indirect, ils sont conjugués avec *être*.

descendre	Je *suis descendu* du taxi.
	J'*ai descendu* la malle du grenier.
monter	Je *suis monté* au cinquième étage.
	J'*ai monté* des bouteilles de la cave.
passer	Ils *sont passés* devant la mairie.
	Elle *a passé* un examen.
rentrer	Je *suis rentré* à la maison.
	J'*ai rentré* la voiture dans le garage.
retourner	Elle *est retournée* en Italie.
	J'*ai retourné* mes cartes sur la table.
sortir	Je *suis sorti* de chez moi à quatre heures.
	J'*ai sorti* une chemise de l'armoire (du placard).

TROISIÈME PARTIE

LES VERBES: TEMPS ET MODES

Le choix du temps et du mode du verbe français présente de nombreux problèmes. Le subjonctif s'emploie davantage en français qu'en anglais bien que son importance diminue en France aussi. Néanmoins, il n'y a aucune classe sociale qui puisse s'en passer quoiqu'il y ait des gens qui ignorent qu'ils s'en servent.

Ce qui suit n'est pas complet. Il faudrait consulter les grammaires pour savoir toutes les règles et toutes les exceptions. Mais nous avons signalé les pièges les plus importants et y avons ajouté des renseignements utiles.

Quelques Usages Obligatoires en Français

1. Après certaines conjonctions—notamment *quand, lorsque, aussitôt que, dès que* et *après que*—il faut employer le *futur* ou le futur antérieur si le verbe principal est au futur.

   Dès que la pluie *cessera*, nous sortirons.

Il serait plus correct de dire "aura cessé," mais cette précision a tendance à disparaître dans la langue courante.

2. Si une action, commencée dans le passé, n'est pas encore terminée, on emploie le *présent* avec *depuis, il y a . . . que, voilà . . . que* et à la forme interrogative *depuis quand*?

    Voilà trois jours *que* je *suis à* Dijon—ou—

    Il y a trois jours *que* je *suis à* Dijon—ou—

    Je *suis à* Dijon *depuis* trois jours.

    Depuis quand êtes-vous à Dijon?

Si une telle action s'arrête à un moment précis dans le passé, la même construction s'emploie avec l'imparfait:

    Il y avait trois jours *que j'étais à* Dijon quand il est venu me voir.

    Depuis quand étiez-vous à Dijon quand votre frère est venu vous voir?

3. Le conditionnel s'emploie non seulement dans des phrases avec *si* mais aussi pour exprimer un *futur* dans le *passé*—

    Il a dit qu'il *viendrait* demain.

    et pour rendre moins péremptoire une demande—

    Voudriez-vous m'aider à le faire?

4. En français il y a quatre temps du subjonctif dont deux—l'imparfait et le plus-que-parfait (j'*eusse*—j'*eusse eu*)—ne s'emploient que dans la littérature. Quant aux deux autres—le présent et le parfait (j'*aie*—j'*aie eu*)—il faut employer le subjonctif présent si le verbe en question exprime une action *présente* ou *future*, autrement on se sert du *parfait*.

    Le subjonctif est utilisé:

    a. après les expressions de doute

b. après les expressions d'émotion

c. après les expressions de volonté

d. pour indiquer un impératif à la troisième personne

e. après les verbes impersonnels qui indiquent le doute, l'émotion, la volonté, l'éventualité

À NOTER: Le verbe *sembler* employé impersonnellement exige le *subjonctif* tandis que son synonyme *paraître* est invariablement suivi de l'*indicatif.* En français, le mot *probable* est évidemment plus positif qu'en anglais puisqu'il exige l'*indicatif.*

> Il semble qu'il ait des chances.
> Il me semble qu'il a des chances.

f. après certaines conjonctions

g. après un superlatif qui exprime une opinion:

> C'est *le plus beau* musée que je connaisse.

Mais, pour exprimer une réalité: C'est *le plus beau* musée qui est ouvert tous les jours de l'année.

h. après une négation qui n'est pas basée sur une certitude:

> Il n'y a *personne* qui *sache* la réponse.

MAIS: Dans cette ville il n'y a *personne* qui *a* cent ans.

i. quand on parle de quelque chose qu'on n'a pas encore trouvé:

> Je cherche un livre qui *contienne* tous les renseignements nécessaires.

MAIS: J'ai trouvé le livre qui *répond* à toutes mes questions.

À NOTER: Savoir n'est jamais suivi du subjonctif.

Penser et *croire* sont suivis de l'indicatif quand ils sont employés affirmativement; mais négativement il y a doute, donc subjonctif. Pour la forme interrogative, c'est une question de ce qui se passe dans la tête de celui qui pose la question, s'il y a doute ou non: "Pensez-vous qu'il *vienne*?" indique une possibilité; "Pensez-vous qu'il *est* déjà arrivé?" indique une probabilité.

5. La différence entre l'imparfait et le passé composé (ou passé simple): Voici un des pièges les plus traîtres de la langue française.

   En principe l'imparfait indique:

   a. une action habituelle ou répétée

   b. une description

   c. ce qui se faisait au même temps qu'une simple action, tandis que le passé composé indique ce qui a eu lieu une seule fois.

Mais la littérature est bourrée d'usages qui à première vue sont contradictoires.

Quelques pièges à signaler:

   a. "Quand j'étais jeune, je *croyais* au Père Noël" indique une habitude tandis que "quand j'étais enfant, *j'ai fait* un rêve extraordinaire" indique une seule fois.

   b. 1. Hier, *j'étais* malade. Je *suis resté* au lit toute la journée.

   2. Hier, *j'ai bu* du lait tourné et tout de suite *j'ai été* malade.

Une règle à se rappeler:
Tandis qu'il est possible d'employer deux imparfaits pour des actions

simultanées, on ne le fait pas avec le passé composé sans les lier par une conjonction comme *et* ou *ou*:

> Parce qu'il *pleuvait*, il ne *pouvait* pas sortir.

> Parce qu'il pleuvait, il *est resté* chez lui *et a aidé* sa femme à faire le ménage.

6. Le participe présent

a. Le participe présent peut s'employer comme adjectif; alors *il s'accorde* comme tout adjectif. Comme verbe *il ne s'accorde pas*.

> Ce sont des histoires *fascinantes*.

> Ce sont des histoires *fascinant* même le public le plus difficile.

b. Il peut également être employé comme gérondif; alors il est invariable.

> En *marchant*, les jeunes filles ont cueilli des fleurs.

N.B. Le gérondif ne peut se rapporter qu'au sujet de la phrase.

───── SONS ET MOTS QUI AMUSENT LES ÉTRANGERS ─────

tous azimuts, brouillard, nouille, noeud, embrouille, grenouille, vagabonder, mélomane, loulou, à la queue leu leu, housse, couette, chouette, citrouille, pamplemousse, etc.

7. La voix passive

Le passif en français peut s'exprimer de plusieurs façons:

a. Comme en anglais quand il y a sujet et objet, avec le verbe *être* comme auxiliaire:

> L'homme *a été renversé* par la voiture.

b. En employant le pronom sujet *on* avec le verbe à l'actif, à la troisième personne du singulier:

> *On parle* français au Québec.

c. En mettant le verbe à la forme pronominale:

Le vin blanc *se boit* frais.

La préposition *par* s'emploie pour indiquer la source d'une action:

Il a été tué *par* une bombe.

La maison *est entourée* par des policiers.

Mais s'il s'agit d'une émotion ou d'une description, servez-vous plutôt de la préposition *de*:

Il était aimé *de* tous.

Un lac qui était entouré *de* sapins.

N.B. Il faudrait ajouter que la voix passive est à éviter à moins qu'il n'y ait un complément d'agent (*par + son objet*). On préfère de beaucoup lui substituer *on* ou un *verbe pronominal*.

8. Une liste des conjonctions qui exigent le subjonctif (avec les prépositions correspondantes par lesquelles on peut éviter le subjonctif s'il n'y a pas changement de sujet: "Je viendrai vous dire au revoir *avant de partir*," mais "Je viendrai vous dire au revoir *avant que* vous (ne) *partiez*.")

à condition que	à condition de
afin que	afin de
à moins que	à moins de
avant que	avant de
bien que	
de crainte que	de crainte de
de façon à ce que*	de façon à
de manière à ce que*	de manière à
de peur que	de peur de
de sorte que*	
en attendant que	en attendant de
encore que	
jusqu'à ce que	jusque

loin que	loin de
moyennant que	moyennant (+ nom)
non pas que	
pour que	pour
pour peu que	
pourvu que	
qui que ce soit qui	
qui que ce soit que	
quoique**	
sans que	sans
si peu que	
soit que	
à supposer que	

*Elle parle fort de sorte que le public l'entend ➝ résultat

Parlez plus fort de sorte qu'on vous entende! ➝ but.

**Notez que c'est la seule de ces conjonctions qui s'écrit en un seul mot.

───────────── UN ÉTAGE DE MOINS? ─────────────

N'oubliez pas qu'en France le premier étage se nomme *rez-de-chaussée*. Leur premier est notre deuxième, et ainsi de suite. Donc un édifice français de trois étages représenterait aux États-Unis un bâtiment de quatre étages.

QUATRIÈME PARTIE
L'ACCORD DU VERBE

1. En règle générale, le verbe s'accorde en nombre et en genre avec le sujet, quelle que soit la place de celui-ci, avant ou après le verbe.

2. Si le verbe a deux sujets de personnes différentes, il sera, bien sûr, au pluriel.

Toi et moi irons au parc.	Toi + moi = nous
Lui et moi irons au parc.	lui + moi = nous
Toi et lui irez au parc.	toi + moi = vous

À NOTER: Souvent les deux sujets sont résumés par un pronom sujet:

Toi et moi, *nous* irons au parc.

3. Lorsque le sujet est un nom collectif, le verbe sera au singulier si le collectif est précédé de l'article défini:

Le grand nombre d'incendies *a* causé une augmentation du coût des polices d'assurance.

Il en est de même si le collectif est modifié par un adjectif démonstratif ou possessif:

En Bolivie, *cette* tribu d'Indiens est en voie de disparition.

Quand le collectif est précédé de *un, une,* l'accord se fera soit avec le collectif (singulier) soit avec le complément (pluriel) selon que l'un ou l'autre frappe le plus l'esprit.

Une foule d'amis *est* venue me voir à l'hôpital.

Une foule d'amis *sont* venus me rendre visite.

Un bataillon entier de soldats *sont* morts sur le champ de bataille.

Le verbe qui a pour sujet un collectif suivi de son complément s'accorde avec celui des deux mots sur lequel on arrête sa pensée.

a. L'accord a lieu avec le collectif si l'on a en vue la totalité des êtres ou objets dont il s'agit, considérés collectivement.

Une multitude de sauterelles a infesté la campagne.

b. L'accord a lieu avec le complément si l'on a en vue la pluralité des êtres ou des objets dont il s'agit considérés individuellement.

Une multitude de sauterelles ont infesté la campagne.

Un bataillon de soldats sont morts sur le champ de bataille. (You would tend to use the plural here, referring to each life lost.)

4. Néanmoins, avec les collectifs *assez de, beaucoup, bien des, combien de, la plupart des, peu de, tant de, trop de, un nombre de, une infinité de*, l'accord se fait avec le complément.

   Trop de mes amis *pensent* que j'ai tort.

5. Avec *plus d'un* le verbe sera au singulier. Avec *moins de deux* le verbe sera au pluriel.

   Plus d'un verre s'*est* cassé.

   Moins de deux verres ont été cassés.

6. Après le pronom relatif *qui* le verbe s'accorde avec l'antécédent.

   C'est moi *qui ai* téléphoné.

   C'est vous *qui* l'*avez* dit.

7. Après deux noms ou pronoms au singulier unis par *ou*, le verbe sera au singulier si l'un des termes exclut l'autre.

   Le président *ou* un autre *se chargera* de la réunion.

   Mais le verbe sera au pluriel si *ou* a plus ou moins le sens de *et*.

   Une surprise *ou* n'importe quoi *pourraient* déclencher une réaction dangereuse.

8. Avec *ni . . . ni* le verbe sera singulier ou pluriel selon le sens de la phrase.

   Ni Pierre *ni* Henri ne *sont* venus (deux personnes ne sont pas venues).

   Ni Pierre *ni* Henri ne *pourra* être élu (une personne seulement sera élue).

HÉBREU OU GREC?

Quand un Français ne comprend rien à ce qu'il lit ou entend, il dit: "C'est de l'hébreu" au lieu de "C'est du grec" comme nous. Un Français dirait également, "C'est du chinois."

CINQUIÈME PARTIE

L'EMPLOI DES PRÉPOSITIONS AVEC LES VERBES

La distinction entre verbe *transitif direct* et verbe *transitif indirect* n'a pas été très nette au cours des siècles. Un verbe comme *obéir*, maintenant *indirect*, était autrefois *direct*, tandis qu'*aider*, autrefois *indirect*, est actuellement *direct*. Un troisième verbe, *manquer*, s'emploie des deux façons: manquer un train, manquer *à* son devoir. De tout ceci, une conclusion se dégage: c'est qu'une langue doit répondre aux exigences de la communication, se plier pour permettre de belles nuances, et se mouvoir avec liberté à travers les vieilles frontières grammaticales.

Quelques Verbes Qui Exigent Un Objet *Indirect*

aller	Cette robe va très bien *à* ma mère.
déplaire	Ça déplaît *à* mon patron si je suis en retard.
désobéir	Il a désobéi *aux* consignes de sécurité.
échouer	Ils ont échoué *au* bac.
nuire	Le tabac nuit *à* la santé.
obéir	Il obéit *à* tous ses caprices.
participer	Elle participera *aux* frais.
plaire	Ce film plaira *au* public.
profiter*	*À* qui profite la violence?
remédier	Il faut remédier *à* tous ces maux.
renoncer	Il est difficile de renoncer *au* tabac.

répondre	Il a pu répondre *à* toutes mes questions.
résister	Il résiste mal *au* froid.
ressembler	Elle ressemble tellement *à* sa soeur.
seoir (rare)	Cet ensemble vous sied *à* ravir.
succéder	Louis XVI a succédé *à* Louis XV.
suffire	Une fois devrait *lui* suffire.
téléphoner	Le PDG a téléphoné *au* directeur du marketing.

*Mais on dit: Il a bien profité *de* ses vacances.

À NOTER: *Habiter* s'emploie avec ou sans préposition:

J'habite une maison ou j'habite *dans* une maison.

J'habite la campagne ou j'habite *à* la campagne.

DES VERBES QUI EXIGENT UN OBJET INDIRECT POUR LES PERSONNES ET LA PRÉPOSITION *DE* DEVANT UN INFINITIF

commander	demander*	ordonner
conseiller	dire	permettre
convenir	interdire	promettre
défendre		

Le général a commandé *à* ses troupes *d'*avancer.

Elle a promis *à* ses clients *de* finir le projet le 1er septembre.

Il demande à sortir.
Elle demande à parler.

*On dit *demander* à s'il s'agit *d'*une autorisation.

MAIS: J'ai demandé *à* mes amis *de* m'aider.

DES VERBES QUI SONT SUIVIS DE LA PRÉPOSITION *DE* DEVANT UN INFINITIF MAIS QUI LA CHANGENT EN *À* À LA FORME RÉFLÉCHIE

décider de	se décider *à*
refuser de	se refuser *à*
résoudre de	se résoudre *à*

J'ai décidé *d'*inviter mes cousins pour le week-end.
Après avoir longuement réfléchi, il s'est décidé *à* acheter une moto.

——————— LES HÉROS   LES ZÉROS ———————

Héros, *h* muet, ne ferait pas de mal au singulier, mais au pluriel il ferait *les héros*, qui ne pourrait se distinguer de *les zéros*.
Les personnages de son livre sont tous des héros.
Les personnages de son livre sont tous des zéros = des nuls, des imbéciles!

DES VERBES SUIVIS D'UN OBJET DIRECT (ET PAS PAR UNE PRÉPOSITION COMME EN ANGLAIS)

attendre   chercher   écouter   payer   regarder

Nous écoutons la radio.

Elle a payé les factures.

DES VERBES DONT L'EMPLOI CAUSE DES DIFFICULTÉS

croire

croire quelqu'un: C'est accepter comme vérité ce que dit quelqu'un.

croire à quelqu'un: C'est avoir confiance en cette personne.

croire une chose: C'est l'accepter comme vraie.

croire à une chose: C'est y tenir.

Je crois le témoin qui a vu l'accident.
Je vous crois.
Je crois son témoignage.

Je crois *en* Dieu, mais pas *au* Diable.
Je crois *au* socialisme.
Je crois *à* la magie.

faire

Ce verbe s'emploie quand on provoque, déclenche une situation.
Dans ce cas, le verbe *faire* est un demi-auxiliaire et il est suivi d'un infinitif sans préposition. Un objet *nom* se place après l'infinitif, un objet *pronom* devant *faire*.

S'il y a seulement un objet, il est toujours direct:

Je fais réparer la voiture.
Je *la* fais réparer.
Je fais travailler le mécanicien.
Je *le* fais travailler.
Mais
Je fais réparer la voiture par le mécanicien.
Je *la lui* fais réparer.

S'il y a deux objets, la chose faite est l'objet direct, celui qui la fait est l'objet *indirect*.

La même construction se fait avec *écouter, entendre, laisser, regarder,* et *voir*:

Je n'ai jamais entendu chanter Caruso.
Je ne l'ai jamais entendu chanter.

Aux temps composés avec *faire,* il n'y pas d'accord puisque le régime direct se trouve l'objet de l'infinitif et pas du verbe *faire*:

Les chansons que j'ai *fait* chanter. (Le nom *chansons* est l'objet direct de *chanter* et pas de *faire*.)

Avec les autres demi-auxiliaires, *entendre, regarder,* etc., le participe peut s'accorder si l'objet qui précède est le vrai sujet de l'infinitif:

Les musiciens que j'ai *entendus* jouer.

Mais le participe reste invariable si cet objet est celui de l'infinitif:

La musique que j'ai *entendu* jouer.

pardonner

Transitif direct ne se dit que des choses:

> Je pardonne sa *conduite*.
> On pardonne une *chose à* une personne.

payer

On paie une personne ou une chose. Jamais on ne paie "pour" une chose.

> Je paie la viande.
> Je paie le boucher.
> Je paie la viande au boucher.
> Je paie la viande vingt francs.

prendre

La préposition après *prendre* indique où un objet est pris:

> Il a pris le crayon *sur* le bureau.
> Il a pris la boîte *sous* le lit.
> Il a pris ceci *dans* son tiroir. (On peut faire un parallèle avec la préposition "out of" en anglais: Elle boit du champagne *dans* une coupe. Tu prends de la monnaie *dans* ta poche.)

DES VERBES DONT LE SENS CHANGE SELON LA PRÉPOSITION

En français, comme en anglais, la préposition qui suit le verbe peut changer le sens de celui-ci d'une façon remarquable.

commencer

à: préposition généralement employée—

> J'ai commencé *à* lire le journal.

par: dans le sens de *premièrement*—

> Commencez *par* faire des recherches, après on verra...

échapper à: éviter, sortir.—

> Il aurait voulu échapper *à* sa tyrannie.
> Il a échappé *à* la mort.
> Tu ne pourras pas échapper *à* cette réunion de famille!

s'échapper: s'évader—

de: Il s'est échappé *de* prison.

finir

de: dans le sens de *terminer*—

> As-tu fini *de* lire le roman?

par: dans le sens d'*enfin*—

> Après de nombreuses explications, il a fini *par* comprendre.

jouer

à: pour les jeux, les sports—

> Je joue *au* bridge, *au* tennis.

de: pour les instruments de musique—

> Je joue *du* piano.
> Il joue *des* cimbales.

manquer

à: ne pas faire—

> Ils ont manqué *à* leurs responsabilités.

a: aussi regretter l'absence—
> Ses amis *lui* manquent.

de: ne pas avoir—

> Ce plat manque *d'*épices.
> Son style manque *d'*imagination.

penser

à: réfléchir—

> Je pense *à* mes prochaines vacances.

de: avoir une opinion—

> Que pensez-vous *de* cette pièce?

répondre

à: faire une réponse—

> Elle répond *à* la question.

de: être garant de quelqu'un ou de quelque chose—

> Je réponds *de* son honnêteté.

servir

à: être bon à—

> Le stylo sert *à* écrire.

de: prendre la place de—

> Le court de tennis sert *de* patinoire en hiver.

se servir de: utiliser—

> Nous *nous servons d'*un modem très puissant.
> Elle *se sert d'*un ordinateur pour régler ses factures.

tenir

à: attacher beaucoup d'importance—

> Je tiens *à* ma réputation.
> N.B. *Tenir à* suivi d'un infinitif = désirer beaucoup—Je tiens *à* voir ce film.

de: ressembler—

> Je tiens *de* mon père.

de: savoir quelque chose par quelqu'un d'autorisé—

>Je le tiens *du* secrétaire du ministre.

venir

à: arriver—

>Les larmes me *vinrent aux* yeux.

à: approcher—

>*Venez à* moi. (littéraire)

de: le passé très récent—

>Il vient *de* mourir.

en venir à: finir par faire—

>Où veux-tu *en venir*?
>Il *en est venu* aux mains. (engager une lutte)

SPECIAL PROBLEMS
6 Confusions

This is a big category and an important one. There are many words and expressions that either resemble one another in their spelling or, although spelled quite differently, are close in meaning. In either case they lead to confusion and error.

A student applying to School Year Abroad in France and required to write in French describing himself and his family stated, "Je suis le cadet de la famille. J'ai deux soeurs plus âgées que moi, toutes les deux épuisées. Une a deux petits enfants et l'autre attend un bébé." The confusion between *épousé* (married) and *épuisé* (very tired) is rather amusing and has a certain logic of its own. The story illustrates, however, the *piège* that Americans can stumble into. What the French would really say is, "toutes les deux mariées."

How many students reading this can distinguish right now between *original* and *originel*? Check yourself by looking up *original* in this category. Were you right? If not, don't be discouraged. There would be no need for this book if there were no problems. We are convinced that knowing the difference will measurably increase the satisfaction you get out of French.

agir	faire une action
s'agir de, *v. imp.*	être question de
les aïeuls, *n.m.*	grands-parents
les aïeux, *n.m.*	ancêtres

ailleurs, *adv.*	pas ici
d'ailleurs, *conj.*	en plus
Allemagne, *n.f.*	le pays
Allemand, *n.m.*	l'homme, ou *allemand*, adj., l'industrie *allemande*
alentour, *adv.*	tout autour Ils ont visité la ville et la région *alentour*.
aux alentours, *n.m.pl.*	dans les environs Ils habitent *aux alentours* de Boston.
autour de, *loc. prép.*	Les planètes tournent *autour du* soleil. Il était *autour* de midi = environ midi.
aller	contraire de *venir*
s'en aller	synonyme de *partir*
alors, *adv.*	à ce moment-là Je sortais. *Alors* il m'a demandé de lui rapporter un journal.
puis, *adv.*	indique la suite Il a écouté attentivement et *puis* il a parlé à son tour.
apporter, *v.*	porter une chose dans un endroit Apportez-moi des fraises de votre jardin.
amener, *v.*	conduire quelqu'un dans un endroit Viens dîner avec nous et *amène* un ami si tu veux.

	On *amène* une personne. On *apporte* une chose.
emporter, *v.*	porter une chose avec soi dans un endroit différent Elle *emporte* deux valises en vacances.
emmener, *v.*	conduire ailleurs, en un autre endroit Elle m'a emmenée au théâtre. Emmenez-le donc une semaine en Italie!
rapporter, *v.*	revenir avec Elle nous *a rapporté* un souvenir de ses vacances à Bali. Elle *a rapporté* la robe au magasin.
rendre, *v.*	redonner Tu as oublié de *rendre* ces livres à la bibliothèque.
âme, *n.f.*	partie immortelle de l'homme, esprit
an, *n.m.*	unité de temps, 12 mois
âne, *n.m.*	animal apparenté au cheval avec de longues oreilles et plutôt stupide
an *(m.)*	année (f.), 12 mois, 365 jours
jour *(m.)*	journée (f.) cf. p. 117, 24 heures
matin *(m.)*	matinée (f.) cf. p. 126, les heures avant midi
soir *(m.)*	soirée (f.) la fin du jour, le commencement de la nuit

N.B. *an, jour, matin, soir* sont employés au masculin pour préciser un moment: ce *matin*, hier *soir*, l'autre *jour*. Au féminin, ces mots sont modifiés par un adjectif qui les décrit ou qui les caractérise.

masc. Je me suis levé ce *matin* de bonne heure.
fém. La réunion a duré toute la *matinée*.

masc. Il viendra dîner ce *soir*.
fém. Nous avons passé une merveilleuse *soirée*.

Avec des chiffres spécifiques, on utilise en général *an*: Il a passé trois *ans* à Paris—mais: Il a passé trois *années* à s'amuser à Paris. (The stress is different; in the second case you stress the three years of fun time.)

Lorsque la quantité n'est pas définie (beaucoup, plusieurs, quelques, un certain nombre de…) on utilise *année*: Ils ont passé une dizaine d'*années* en Asie—Nous la reverrons dans quelques *années*.

An indique 365 jours, la mesure de l'âge, et, au pluriel, la vieillesse. Il est employé si précédé ou suivi par un nombre, ou dans certaines locutions telles que l'an dernier, l'an prochain, le Jour de l'An, etc.

Année s'emploie généralement si ce nombre ne s'y trouve pas, mais s'il s'agit d'une étendue on peut utiliser cette forme. Peut-être que la meilleure indication de la différence entre ces deux formes, c'est que la plus raccourcie veut dire une *unité* de temps et la plus longue une *étendue*.

Jour veut dire une unité de 24 heures, *journée* ce qu'on fait pendant la partie du jour qui n'est ni le soir, ni la nuit. Il y a sept *jours* dans une semaine. En été, je passe des *journées* entières sur la plage.

Soir veut dire la partie du jour après le coucher du soleil et avant la nuit, la *soirée* c'est ce qu'on fait pendant ce temps. Le même principe s'applique à *matin* et *matinée*. Mais une *soirée* peut indiquer une réception, et une *matinée* une représentation théâtrale qui a lieu l'après-midi.

votre anni-versaire, *n.m.*	c'est le jour où vous êtes né Le 15 août est l'*anniversaire* de Napoléon ler.
votre fête, *n.f.*	c'est le jour du Saint dont vous portez le nom Tous ceux qui s'appellent Jean fêtent le 24 juin, jour du Saint-Jean.
apercevoir, *v.*	commencer à voir
percevoir, *v.*	saisir par les sens, sauf par les yeux
appointe-ments, *n.m.pl.*	ce que gagne celui qui travaille dans les affaires pour un autre
honoraires, *n.m.pl.*	ce que gagnent les médecins, les avocats, etc.
salaire, *n.m.*	ce que gagne un ouvrier, un employé
traitement, *n.m.*	ce que gagne un fonctionnaire, fonctionnaire de haut rang.
approcher, *v.*	faire venir plus près, venir, arriver J'*approche* une chaise. Le jour de ton départ *approche*.
approcher de, *v.*	être près d'atteindre J'*approche du* but.
s'approcher de, *v.*	Avancer plus près Je *m'approche de* la fenêtre.
aborder, *v.*	venir près de qqun/qqch Un inconnu m'*a abordé* ce matin dans la rue.

s'asseoir, *v.* action de se mettre dans un fauteuil, sur une chaise, etc.
Asseyez-vous près de la fenêtre.

être assis la condition de se trouver dans un fauteuil, sur une chaise, etc.
Elle *était assise* à regarder la télévision.

assiette, *n.f.* récipient dans lequel on mange
Elle a acheté des *assiettes* à fromage peintes à la main.
Base d'un calcul le président n'a pas approuvé la détermination de *l'assiette* fiscale.

plat, *n.m.* plus grand qu'une assiette
On y met ce qu'on va servir à tout le monde.

assis, *adj.* s'accorde comme tout adjectif
Elle est *assise.*

debout, *adv.* invariable comme tout adverbe
Elle est *debout.*

assister, *v.* aider

assister à, *v.* être présent
Nous devons *assister à* la réunion annuelle.

attendre, *v. cf.* rester quelque part jusqu'à ce que quelqu'un ou quelque chose arrive

s' attendre à, *v.* compter sur, prévoir
Je *m'attends à* sa visite.
Ils *s'attendent au* pire.

au moins, *adv.* au minimum
Il gagne 12000 francs par mois, *au moins.*

du moins, *loc. adv.* Par contre
S'il ne fait pas très beau aujourd'hui, *du moins* fait-il du soleil.
N.B. Ces deux locutions ont généralement le même sens et expriment une idée de restriction.

auprès de,
loc. prép.
la proximité, la comparaison, le point de vue
Mes problèmes ne sont rien *auprès* des vôtres.

près de,
loc. prép.
à une petite distance, sur le point de, presque
La banque est *près* du théâtre municipal.

aussitôt, *adv.* immédiatement

aussitôt que,
loc. conj.
au moment où, dès que, quand, lorsque

avoir (froid) J'*ai* froid en hiver.

être (froid) Ne t'assieds pas par terre, le marbre *est* froid.

être (en froid) ne pas être en bon terme
Il *est en froid* avec sa belle-soeur.

faire (froid) Il *fait* froid en hiver.
N.B. C'est exactement la même chose avec *chaud*.

rester (froid) sans émotion
Il est *resté froid* devant tous nos malheurs.

à froid spontané, sans préparation
Ils ont fait un sondage *à froid*.

baiser, *v.* embrasser
Il faut le faire suivre d'une chose, *main*, *joue*, etc. Autrement le sens familier suivi d'une personne: se faire avoir; être l'objet d'une arnaque.

baisser, *v.* mettre plus bas
Le taux du dollar *a baissé* en juin.

bail, *m.* contrat pour louer un appartement

bal, *n.m.* une soirée où l'on danse

danse, *n.f.* l'art de la danse
un pas de *danse*
la chorégraphie d'une *danse*

balade,
n.f. (fam.)
promenade

ballade, *n.f.*	poème
balle, *n.f.*	projectile pour un revolver ou une carabine, ce qu'on emploie pour le tennis ou le golf
ballon, *n.m.*	grosse balle employée pour le football ou le basket
boulet, *n.m.*	projectile pour un canon
battre, *v.*	frapper, vaincre
se battre, *v.*	lutter, faire la guerre
biblio-thèque, *n.f.*	où l'on consulte ou emprunte les livres
librairie, *n.f.*	où l'on achète les livres
bille, *f.*	petite boule de verre avec laquelle jouent les enfants
billet, *n.m.*	de théâtre, de concert, d'avion, de train, de banque, petit mot, billet doux, lettre d'amour
ticket, *n.m.*	de métro, de quai, d'entrée au musée
bol, *m.*	grande tasse pour boire du café
bouillon, *m.*	soupe
boule, *f.*	de glace, de cristal
bout, *n.m.*	fin, extrémité
bulle, *f.*	de champagne, de savon
but, *n.m.*	point visé, limite, point gagné, objectif
butte, *n.f.*	petite colline
ça (sans accent)	pronom démonstratif, contraction de *cela*.
çà (avec accent)	adverbe de lieu (rare) Elle a cherché son livre *çà* et là dans la maison.

cantatrice, *n.f.*   une grande chanteuse d'opéra

chanteuse, *n.f.*   une femme qui chante des chansons, des variétés

cerveau, *n.m.*   centre des sensations, intelligence, volonté, etc.

cervelle, *n.f.*   substance du *cerveau* ou, en usage familier, tête. Il n'a rien dans la *cervelle*.

chacun, e, *pron.*   Ces mots ont le sens de "sans exception" mais attention à ne pas confondre pronom et adjectif! *Chacun* a son livre.

chaque, *adj.*   *Chaque* élève a son livre.
N.B. on dit *tous les* ou *toutes les* au pluriel.
Donc: *chaque* élève = tous les élèves; *chaque* année = *tous* les ans

chair, *n.f.*   les muscles de l'homme et des animaux, partie de l'animal qu'on mange

chaire, *n.f.*   tribune, estrade, *chaire* de philosophie

cher, ère, *adj.*   qui est aimé, qui coûte beaucoup, qui est estimé

chère, *n.f.*   qualité de ce qu'on mange
aimer la bonne *chère*

changer, *v.*   rendre autre ou différent
Ça ne *change* rien.
Vous pouvez *changer* jusqu'à 1000 dollars.

changer de, *v.*   quitter une chose pour une autre
J'ai *changé de* chemise.
Elle a *changé de* coiffure.

changer en, *v.*   transformer
Le fée l'*a changé en* prince.
Il veut *changer* l'acier *en* or (*en* argent).

chiffre, *n.m.*   1, 2, 3, 4, 5, 6, 7, 8, 9, 0.

nombre, *n.m.*	combinaison de chiffres—12,13,14,123 *43* est un *nombre* composé de deux *chiffres*, *4* et *3*.
choeur, *n.m.*	groupe qui chante ensemble, les *chorals* de Bach
chorals, *n.*	pluriel de *choral*, nom, chants religieux
chorale, *n.f.*	société musicale pour chanter des *chorals*
chose, *n.f.*	réalité matérielle qui ne vit pas
quelque chose, *m.*	une chose non précisée non identifiée Il y a un petit quelque chose que je ne comprends pas N.B. devant un adjectif il faut mettre un *de* (l'adjectif reste invariable): quelque chose *de* bon, *de* mauvais, *de* difficile, etc.
les ciels, *n.m.*	quand il s'agit d'un tableau—les *ciels* de Claude Lorrain
les cieux, *n.m.*	le pluriel normal de *ciel*, sens poétique, paradis.
classe, *n.f.*	groupe d'élèves à l'école, salle de classe, catégorie, leçon
cours, *n.m.*	une heure de classe Il a un *cours* d'anglais à dix heures.
cloison, *n.f.*	mur qui sépare les chambres à l'intérieur d'une maison
mur	ouvrage de maçonnerie qui sert à séparer des espaces.
muraille, *n.f.*	mur épais et relativement haut La *muraille* de Chine
collègue, *n.m.*	celui qui exerce la même fonction que soi dans le même établissement

confrère, *n.m.* membre d'une même profession libérale, tel un médecin, avocat, journaliste
Ce médecin est respecté de ses *confrères*.

colorer, *v.* rendre plus vif
Il *colore* toujours les anecdotes.

colorier, *v.* ajouter des couleurs
L'enfant *colorie* ses livres.

compote, *n.f.* fruits cuits pour être mangés comme dessert ou pour accompagner un plat
le boudin à la *compote* de pommes

confiture, *n.f.* fruits cuits longuement avec du sucre pour mettre sur le pain ou le toast

purée, *n.f.* légume cuit à l'eau et écrasé
Ils nous ont servi une dinde aux marrons avec une *purée de* carottes.

concours, *n.m.* le nombre de candidats acceptés est déterminé à l'avance, les 5 premiers ou les 10 premiers, etc.
Il faut passer un *concours* d'entrée.
Le *concours* de piano aura lieu le 15 juin.

examen, *n.m.* épreuve visant à évaluer les compétences.
Le *bac*, le *brevet*, la *licence* sont des *examens*. Pour entrer aux "Grandes Écoles" (Ecole Polytechnique, l'ENA, HEC, École Normale Supérieure, etc.) ou pour être professeur agrégé il faut réussir à des *concours*.

confiance, *n.f.* assurance de sécurité, d'avoir raison, etc.

confidence, *n.f.* secret

connaître, *v.* avoir une idée, une conception d'une personne ou d'une chose
Les touristes *connaissent* mal le pays qu'ils visitent.

s'y con-naître, *v.*	être expert, connaisseur, connaître très bien Il *s'y connaît en* art. Demandez à Sylvain s'il *s'y connaît* en électricité (s'y connaître = connaître, être expert, qualifié, avoir des notions, etc.)
connaître, *v.*	être en relation avec, être familier avec, avoir une grande pratique de Je *connais* Jean, je *connais* Paris. Il *a connu* la honte. Ils *ont connu* leur heure de gloire.
savoir, *v.*	être instruit, posséder un art, avoir dans la mémoire Je sais qu'il est malade, je sais nager, je *sais* son nom.
coquille, *n.f.*	enveloppe dure d'un mollusque, erreur d'imprimerie, erreur faite en écrivant Vous ne pouvez pas envoyer cette lettre avec toutes ces coquilles.
écaille, *n.f.*	ce qui couvre certains animaux comme les tortues et les serpents, ce dont la peau du poisson est couverte
cote, *n.f.*	chiffre, citation en Bourse popularité (Sa cote de *popularité* est en hausse.)
côte, *n.f.*	1. la terre où elle rencontre la mer 2. os du thorax 3. le flanc d'une colline 4. ce même flanc planté de vignes 5. route qui monte
côté, *n.m.*	partie droite ou gauche de tout le corps, partie latérale des choses, aspect Il faut voir les choses du bon *côté*.
couper, *v.*	on *coupe* avec un couteau

coûter, *v.*   indique le prix
Combien *coûte* cet appareil?

couple, *n.m.*   deux personnes, ou deux animaux (souvent le mâle et la femelle)
Ce *couple* de danseurs a remporté la médaille d'or.

paire, *n.f.*   deux choses ou deux personnes qui vont ensemble: une *paire* de gants, une *paire* d'amis

cour, *n.f.*   espace entouré de murs, *cour* de justice, *cour* du roi, *cour d'école*

cours, *n.m.*   enseignement (*cours* de français)
cours d'eau (petite rivière)

cours, *v.*   forme du verbe *courir*

course, *n.f.*   marche très rapide, commission
course de chevaux
J'ai quelques *courses* à faire cet après-midi.

croire, *v.*   tenir pour vrai ou pour sincère
Je *crois* votre histoire. Je vous *crois*.

croire à, *v.*   attacher de l'importance à une valeur
Ils *croient au* progrès.
Elle *croit au* bonheur.

croire en, *v.*   avoir confiance
Il *croit en* Dieu.
Il faut *croire en* soi.

se croire, *v.*   se considérer
Ils *se croient* tout permis.
On *se croirait* à Venise.
Il *se croit* beau.

penser, *v.*   indique une supposition, (presque synonyme de *croire*)
Je *pense* qu'il comprend.

trouver, *v.* indique une opinion
Je *trouve* tout cela ridicule.
Je le *trouve* gentil.
Comment le *trouvez-vous* ce jour-ci?

cultural, *adj.* relatif à la culture de la terre (usage limité)

culturel, *adj.* relatif à la culture, à la civilisation

demain, *adv.* le jour qui suit immédiatement le jour où l'on est
Si c'est mardi, ce sera *demain* mercredi.

lendemain, *n.m.* le jour qui suit un autre, en partant d'un jour au passé ou à l'avenir
Nous sommes partis le 4; le *lendemain*—c'est-à-dire le 5—mon père est tombé malade.

dénoue-ment, *n.m.* solution, résolution d'une intrigue dramatique

dénue-ment, *n.* manque total

détoner, *v.* faire une explosion

détonner, *v.* chanter faux

deuxième, *adj.* quand il y en a plus de deux

second, *adj.* quand il n'y en a que deux

dévotion, *n.f.* piété, adoration

dévoue-ment, *n.m.* disposition à servir, affection

dormir, *v.* ce qu'on fait quand on n'est pas éveillé

s'endormir, *v.* commencer à dormir

droguerie, *n.f.*	où l'on achète une variété de produits pour faire le ménage, faire la lessive, ou peindre la maison
pharmacie, *n.f.*	où l'on achète les médicaments
douter, *v.*	ne pas croire
se douter de, *v.*	soupçonner
écouter, *v.*	prêter l'oreille, faire un effort pour entendre
emballer, *v.*	envelopper, faire un colis, mettre dans une caisse, une boîte
s'emballer, *v.*	se fâcher, s'enthousiasmer, se dit d'un cheval qu'on ne peut pas contrôler, d'un moteur Il ne peut pas parler de politique sans *s'emballer.* Il *s'emballe* un peu trop facilement. Tout à coup le moteur s'est emballé.
entendre, *v.*	percevoir par l'oreille
s'entendre, *v.*	être en bons termes Il *s'entend* bien avec ses confrères.
entendre dire que	J'ai *entendu dire* qu'il vivait à Rome. J'ai *entendu dire* qu'il était chanteur. J'ai *entendu dire* qu'elle avait vécu au Brésil.
entendre parler de	Je ne le connais pas mais j'ai *entendu parler de* lui.
éteindre, *v.*	contraire d'*allumer*
étendre, *v.*	allonger, étaler, agrandir

épargner, *v.*   ne pas trop dépenser, traiter avec ménagement, ne pas endommager
Ils essaient d'*épargner* pour acheter une maison.

éviter, *v.*   échapper à, s'abstenir de
Cela nous *évitera* d'y aller.

étrange, *adj.*   bizarre

étranger, *adj.*   d'un autre pays

être nécessaire et falloir au négatif

il n'est pas nécessaire   on n'est pas obligé de faire quelque chose

il ne faut pas   on n'a pas le droit de faire quelque chose
N.B. *Il est nécessaire* est moins employé que l'expression *il faut.* Celle-ci (f.) est pourtant plus péremptoire. Elle souligne l'obligation.

faillir, *v.*   manquer, avoir été sur le point de faire quelque chose (quand il est suivi d'un infinitif)
Ils ont *failli* avoir un accident.

falloir, *v. imp.*   il *faut*, il est obligatoire

faire, *v.*   causer, créer, former

se faire à, *v.*   s'habituer à

ne faire que   le sens de *sans cesse*
Il *ne fait que* se plaindre; il se plaint continuellement.

ne faire que de   le sens du passé immédiat
Il *ne fait que de* sortir: Il vient de sortir.

fille, *n.f.*	équivalent féminin de *fils* Mon père a trois fils et deux *filles*. totalité opposée aux garçons C'est une école pour garçons et *filles*.
fil, *n.m.*	petite corde (prononcé "file" au singulier comme au pluriel, des *fils*)
fils, *n.m.*	enfant mâle (prononcé "fisse")
fis, *v.*	passé simple du verbe *faire*
fus, *v.*	passé simple du verbe *être*
fois, *n.f.*	la répétition Il a fait ça trois *fois*. à un certain moment Il était une *fois*... (contes de fées)
temps, *n.m.*	durée Venez nous voir si vous avez le *temps*. phénomènes atmosphériques (toujours après "il fait") Il fait rarement beau *temps* dans ce pays.
à fond, *adv.*	complètement Elle connaît ce domaine *à fond*.
au fond, *adv.*	en réalité, après réflexion *Au fond*, ce vin n'est pas mauvais.
fonder, *v.*	établir
fondre, *v.*	devenir ou rendre liquide Le soleil fait *fondre* la neige.
fendre, *v.*	couper ou diviser souvent dans le sens de la longueur La vase bleu est fendu.
feindre, *v.*	faire semblant Il feignait de ne rien comprendre.

gâcher, *v.*	ruiner La pluie *a gâché* le pique-nique. Il *a gâché* la soirée en racontant des blagues stupides.
gâter, *v.*	ruiner, pourrir, traiter avec trop d'indulgence, enfant *gâté* une dent *gâtée* Le temps *se gâte*, il va pleuvoir.
garder, *v.*	protéger
se garder de, *v.*	éviter, se préserver de, ne pas faire Elle *se garde de* faire des fautes d'anglais.
gens, *n.pl.*	les personnes en général beaucoup de *gens* la plupart des *gens* accord du verbe au **pluriel** peu de *gens*
personnes, *n.f.pl.*	plusieurs *personnes* quelques *personnes* six, dix *personnes*
peuple, *n.m.*	les gens qui forment une nation— le *peuple* français accord du verbe au **singulier** Aussi, les classes pauvres— le *peuple* demande à manger.
glace, *n.f.*	miroir, l'eau gelée, dessert
vitre, *n.f.*	partie d'une fenêtre
gourmand, *adj. et n.*	celui qui mange beaucoup
gourmet, *n.m.*	celui qui apprécie la bonne nourriture

grain, *n.m.*	petit corps sphérique, petite parcelle, fruit ou semence Une plage se compose de milliers de *grains* de sable.
graine, *n.f.*	organe de plante qui donne une nouvelle plante On sème les *graines* au printemps.
gril, *n.m.*	ustensile de cuisine qui sert à griller
grille, *n.f.*	partie du fourneau qui reçoit le charbon, porte faite de barreaux
guère, *adv.*	pas beaucoup, très peu—je n'ai *guère* mangé.
guerre, *n.f.*	grande lutte, suite de campagnes militaires
haler, *v.*	tirer à l'aide d'une corde, etc.
hâler, *v.*	brunir Elle est *hâlée* par le soleil.
à la bonne heure	voilà qui est bien, bravo!
à l'heure	ni en avance ni en retard
de bonne heure	tôt
tout à l'heure	un passé immédiat ou un futur prochain plus tard. Je vous le donnerai *tout à l'heure.* Il l'a apporté *tout à l'heure.*
à tout à l'heure	Je pars. Je serai de retour dans une heure. *À tout à l'heure.*
hier, *adv.*	le jour qui vient de se terminer en partant d'aujourd'hui Si c'est lundi c'était *hier* dimanche.
veille, *n.f.*	le jour qui en précède un autre partant d'un jour au passé ou à l'avenir (le *la* est obligatoire) Nous sommes partis le 4, la *veille*—c'est-à-dire le 3—on m'a proposé un nouveau poste.

humeur, *n.f.*	disposition bonne ou mauvaise
humour, *n.m.*	drôlerie, le sens de l'*humour*
impoli, *adj.*	sans politesse (se dit des personnes)
inclinaision, *n.f.*	état de ce qui est *incliné*
inclination, *n.f.*	penchant, tendance
infâme, *adj.*	répugnant, odieux
infamie, *n.f.*	action vile, odieuse
infime, *adj.*	très petit
infirme, *adj.*	qui a une *infirmité*, handicapé
ingénuité, *n.f.*	naïveté
ingénuosité, *n.f.*	qualité de celui qui est très habile, *ingénieux*, adroit
jeu, *n.m.*	nom du verbe *jouer*, *jeu* de cartes, *jeux* Olympiques, etc.
match, *n.m.*	épreuve sportive, *match* de football
partie, *n.f.*	divertissement, une surprise *partie* (ou *party*), aussi *partie* de golf
jouer, *v.*	se divertir (sports, instruments de musique, etc.) *jouer au* basket, *jouer du* violon
jouir, *v.*	prendre plaisir (du nom *joie*), ou bénéficier de Il *jouit* d'une grosse fortune. Ils *jouissent* d'une très bonne réputation.

versus

Le film m'a plu.
J'ai beaucoup apprécié leurs remarques.
Le cadeau nous a fait plaisir.

jouir, *v.*　　éprouver le plaisir sexuel

jupe, *n.f.*　　vêtement féminin qui couvre le bas du corps

jupon, *n.m.*　　vêtement féminin porté sous la *jupe*
　　　　　　courir le *jupon* = s'intéresser trop aux femmes

lis ou lys,　　le *s* se prononce
n.m.　　fleur symbole de la pureté

fleur de　　le *s* se prononce ou ne se prononce pas, pièce
lys, *n.f.*　　héraldique, emblème des rois de France

luxuriant,　　qui pousse avec vigueur et en abondance
adj.

luxurieux,　　qui se donne sans restriction aux plaisirs charnels,
adj.　　à la *luxure*

machiniste,　　celui qui conduit une *machine* quelconque,
n.m.　　tramway, autobus, etc., aussi celui qui monte et
　　　　démonte les décors au théâtre

mécanicien,　　conducteur de locomotive, ouvrier qui répare
n.m.　　les machines.

malade,　　une personne dont la santé est mauvaise, en
n.m. ou　　mauvaise santé
f., adj.

maladie, *n.f.*　　ce qu'on a quand sa santé n'est pas bonne

manteau,　　vêtement ample de dessus pour homme ou femme
n.m.

pardessus,　　manteau pour homme
n.m.

mari, *n.m.*　　époux

marié(e),　　uni en mariage
adj.

marier, *v.*　　unir en mariage

se marier (avec), *v.*	épouser, prendre pour femme, pour mari
marée, *n.f.*	les eaux qui montent et qui baissent sous l'influence de la lune et du soleil
marin, *adj.*	qui est relatif à la mer ou qui est formé par la mer une plante *marine*, une carte *marine*, un pull *marin*
maritime, *adj.*	qui est moins étroitement lié à la mer Un arbre *maritime* pousse près de la mer et non pas dans la mer. une ville *maritime*, un code *maritime*, une compagnie *maritime*
la Marine nationale, *n.f.*	force navale de la France
marocain, *n. et. adj.*	du Maroc
maroquin, *n.m.*	cuir tanné spécialement, un portefeuille de *maroquin* (même origine)
martyr, *n.m.*	victime du martyre personne qui a souffert pour un idéal
martyre, *n.m.*	supplice, torture
matériau, *n.m.*	matière employée dans la construction d'un bâtiment, d'un pont, d'une route, etc.
matériel, *n.m.*	tous les objets nécessaires au fonctionnement d'une entreprise, le *matériel* d'une ferme, d'une usine, d'un bureau
médecin, *n.m.*	docteur

méde-cine, *n.f.*	science de la santé
médica-ment, *n.m.*	ce qu'on prend pour guérir une maladie, pour atténuer la douleur
se mêler à, *v.*	se joindre Je *me mêle à* la foule. Ils *se sont mêlés* à la conversation.
se mêler de, *v.*	intervenir *Mêlez-vous de* ce qui vous regarde. Tu ne devrais pas *t'en mêler.*
menu, *n.m.*	carte dans un restaurant
menu, *adj.*	petit, frêle
mettre, *v.*	placer
se mettre à, *v.*	commencer *Mettez-vous* au travail. Soudain, il *s'est mis* à pleuvoir.
militaire, *n.m. et adj.*	un soldat ce qui concerne les forces armées
militariste, *n.m. adj.*	partisan du militarisme ce qui a à faire avec le militarisme
monter, *v.*	contraire de *descendre*
montrer, *v.*	révéler
moussant, *adj.*	qui fait des bulles Un bain *moussant*! Quel plaisir à la fin d'une longue journée.
mousseux, *adj.*	qui produit de la mousse (écume), comme le champagne Ce vin *mousseux* est délicieux.
moussu, *adj.*	qui est couvert de mousse (plante verte)

neuf,
neuve, *adj.*
qui vient d'être fabriqué, opposé à "d'occasion"
J'ai acheté cette voiture *neuve.*

nouveau,
nouvelle,
adj.
qui vient d'être inventé, différent de ce qui a précédé.
Je vais acheter une *nouvelle* voiture avant la fin de l'année.
N.B. une voiture *neuve* = dont on est le premier propriétaire
une voiture *nouvelle* = du dernier modèle, d'un type *nouveau*
Mon père vient d'acheter une *nouvelle* voiture.—*Neuve?*—Non, d'occasion, mais comme *neuve.*
Une maison *neuve* = dont on est le premier propriétaire
Une *nouvelle* maison = on a vendu sa vieille maison pour en acheter une autre
Une maison *nouvelle* = qui ne ressemble pas à la maison traditionnelle.
Donc: la place de *nouveau* devant ou derrière le mot qu'il modifie en change nettement le sens.

nuit, *n.f.*
≠ jour
Il fait *nuit* (on voit les étoiles).

soir, *n.m.*
début de la nuit jusqu'à minuit
Le *soir*, ils écoutent de la musique.

à l'ombre
contraire de *au soleil*
assis *à l'ombre* d'un olivier

à l'ombre
(figuratif)
en prison
La police l'a mis *à l'ombre.*

dans
l'ombre
contraire de *dans la lumière*
Ces artistes sont restés *dans l'ombre* pendant des années.

original,
n.m.
une personne bizarre, excentrique (péjoratif), ≠ une copie

original, *adj.*	comme en anglais une idée *originale*
originel, *adj.*	ce qui remonte à l'origine le péché *originel* (emploi unique)
ouvreuse, *n.f.*	femme qui indique vos places au théâtre ou au cinéma
ouvrier, *n.m.*	celui qui travaille avec ses mains
ouvrir, *v.*	contraire de *fermer*
part, *n.f.*	On divise un tout pour donner à chacun sa *part*, sa portion
parti, *n.m.*	groupe politique
partie, *n.f.*	fragment, branche, élément La majeure *partie* de la population. La main et les doigts font *partie* du bras. divertissement ou sport une *partie* de cartes, d'échecs, de tennis
partager avec	suggère qu'on conserve pour soi une partie
partager en	c'est diviser en portions ou parties
partager entre	exprime l'idée qu'on ne retient rien pour soi
partir, *v.*	contraire d'*arriver*, (intransitif—Il *est parti* de la maison)
quitter, *v.*	synonyme de *partir*, mais exige un objet direct: Il *a quitté* Bordeaux.
sortir, *v.*	contraire d'*entrer*
passager, ère, *n.m. ou f.*	une personne qui voyage soit en avion soit par bateau

voyageur, *n.m. ou f.*	celui qui prend le train Il ne faut pas oublier qu'en Europe il y a toujours beaucoup de trains, confortables, rapides, presque toujours à l'heure, généralement bondés.
passer, *v.*	Le temps *passe.* Une auto *passe* dans la rue.
se passer, *v.*	avoir lieu, arriver Qu'est-ce qui *se passe?*
se passer de	s'abstenir Elle ne pourra jamais *se passer* de chocolat.
pêche à	indique l'engin ou l'appât, ou la sorte de poisson *pêché* *pêche à* la ligne, *pêche à* la mouche la *pêche* au thon, à la truite, au saumon
peigne, *n.m.*	instrument servant à coiffer les cheveux
peine, *n.f.*	difficulté, tristesse, douleur
à peine, *adv.*	presque pas, ne…guère
pendant, *prép.*	durant, indique une durée au passé Ils viendront nous voir *pendant* l'été. Il a dormi *pendant* toute la classe.
pour, *prép.*	répond à la question "pourquoi" sous-entendue, et aussi indique une durée au futur, (jamais au passé) Je vais à Paris *pour* apprendre le français. J'y pars *pour* six mois. Mais: J'y passerai 6 mois; J'y serai 6 mois; J'y resterai 6 mois.
pendant que, *conj.*	indique la simultanéité *Pendant que* je travaille mon frère écoute la radio.
tandis que, *conj.*	marque, une opposition, un contraste Elle travaille beaucoup *tandis que* sa collègue ne fait rien.

personne, *n.f.*	Elle est absente depuis quelques jours. Combien de *personnes* avez-vous invité?
personne, *pron. m.*	(C'est le négatif et il est masculin!) *Personne n'est* absent.
peu, *adv.*	contraire de *beaucoup*
un peu, *adv.*	une petite quantité Il mange *peu* mais il a pris *un peu* de riz.
pire, *adj.*	comparatif de *mauvais*, donc—plus mauvais. Ce resultat est plus mauvais (ou meilleur) que le dernier. *pire* est employé pour faire un jugement. On dirait: Le meurtre est *pire* que le vol. (C'est à dire que le meurtre *et* le vol sont tous les deux mauvais bien que le meurtre soit *pire*!) La situation économique est encore *pire* que l'an dernier.
pire, *n.m.*	la chose la plus mauvaise Dites-moi le *pire* sans attendre.
pis, *adv.*	comparatif de *mal* et contraire de *mieux* *tant pis* ≠ *tant mieux* Les choses vont de mal en *pis*.
plaindre, *v.*	avoir de la pitié Le pauvre homme, je le *plains*!
se plaindre de	se lamenter, avoir un grief contre quelqu'un ou quelque chose Ils *se plaignent* de tout.
pleurer, *v.*	contraire de *rire*
pleuvoir, *v.* *impersonnel*	Il *pleure* dans mon coeur comme *il pleut* sur la ville. Il *pleure* (l'eau tombe de ses yeux) Il *pleut* (l'eau tombe du ciel)

poêle, *n.m.*	appareil qui sert à chauffer une pièce
poêle, *n.f.*	ustensile qui sert à frire, à faire les omelettes, etc.
poil, *n.m.*	On a des *cheveux* sur la tête, des *poils* sur le corps. Ce chien perd ses *poils*. N.B. être à *poil* = être nu (sans vêtements)
point, *n.m.*	marque de ponctuation
pointe, *n.f.*	terme géographique, extrémité aiguë La *Pointe* du Raz est la partie de la France la plus proche des États-Unis. Avec la *pointe* du crayon on fait un *point*
poison, *n.m.*	venin L'arsenic est un *poison* mortel.
poisson, *n.m.*	vertébré qui vit dans l'eau un maquereau, un saumon, une truite, etc.
portail, *n.m.*	entrée principale d'un édifice
porte, *n.f.*	ouverture pour entrer et sortir
portière, *n.f.*	porte d'une auto ou d'un wagon, rideau qui couvre une porte
porter, *v.*	être vêtu de Je *porte* un pantalon.
se porter, *v.*	s'applique à la santé Comment *se porte-t-elle* depuis son opération?
poule, *n.f.*	oiseau bon à manger, féminin de *coq*, prostituée
poulet, *n.m.*	le petit d'une poule, un policier (familier)
poussin, *n.m.*	Un poulet qui vient de sortir de l'oeuf.
prendre la peine (de)	faire l'effort nécessaire, s'efforcer à Il *prend la peine* d'écrire lisiblement.
valoir la peine (de)	être assez important, mériter Cela *vaut la peine* de voir ce film.

s'en prendre à quelqu'un	agresser par des reproches ou des coups Tout le monde *s'en prend à* Pierre, mais il n'y est pour rien, le pauvre.
près, *adv.*	contraire de *loin* Il y a un café tout *près*.
près de, *loc. prép.*	contraire de *loin de*
proche, *adj. et adv.*	indique la proximité Les étoiles semblent *proches* les unes des autres. Ils aiment bien leurs plus *proches* voisins. Elle est *mourante*. La mort est *proche*. (Elle est près de mourir.) C'est jeudi. Le week-end est tout *proche*. N.B. (a) *les proches*, n.m. pl. = les parents, la famille Ils ont invité leurs *proches* au mariage de leur fils. N.B. (b) Il est difficile de distinguer nettement entre *près* et *proche*. *Près* n'est jamais adjectif, mais comme adverbe les deux mots sont synonymes.
prochain, *adj.*	immédiat, ce qui vient tout de suite après Nous partirons vendredi *prochain*.
suivant, *adj.*	ce qui vient après un événement dans le passé ou au futur Le vendredi *suivant* nous serons installés là-bas. Le dimanche *suivant*, nous avions déjà déménagé.
quand, *conj.*	synonyme de *lorsque, au moment où*
quant à, *loc. prep.*	à l'égard de, pour ce qui est de Vous pourrez faire le travail *quand* vous voudrez; *quant à* moi je le fais tout de suite.
quelque, *adv. indéfini*	plusieurs, un nombre indéfini J'ai vu *quelques* amis au café.

quel . . . **que,** *loc.* *relat. suivi* *du subjonctif*	donne l'idée d'opposition *Quelles que* soient vos raisons, personne ne vous approuve.
quelque... **que,** *adv.* *suivi du* *subjonctif*	signifie *si* (littéraire) *Quelque* riche *qu*'il soit, il est très simple. Bien qu'il soit riche, il est très simple.
quelque, *adv.*	signifie *environ* Il y a *quelque* cinquante ans de cela.
quoi que, *pron. rel.* *suivi du* *subjonctif*	quelle que soit la chose *Quoi que* vous disiez, vous ne convainquerez personne.
quoique, *conj., suivi* *du subjonctif*	marque l'opposition, synonyme de *bien que* Quoique les affaires ne marchent pas très bien, ils partiront en vacances.
raconter, *v.*	dire, relater
rencontrer, *v.*	trouver par hasard, faire la connaissance Je l'ai *rencontré* dans une boîte de nuit. Je l'ai *rencontrée* dans la rue ce matin. = je l'ai croisée.
retrouver, *v.*	opposé à rencontrer
rejoindre, *v.*	Ici la rencontre est prévue à l'avance. Je vous retrouve à 18h chez Patrick. Nous vous *rejoindrons* dans une heure.
à raison de, *prép.*	appartient au langage des affaires et a le sens de *en* proportion de, au prix de, selon, en fonction de Je vous paierai *à raison* des heures travaillées.
en raison **de,** *prép.*	en considération de, à cause de, vu Vous ne serez pas puni *en raison de* votre âge.

se rappeler, *v.*	contraire d'*oublier* suivi d'un objet direct Le *se* est indirect. Elle ne *s'est* pas *rappelé* mon adresse.
se souvenir de, *v.*	contraire d'*oublier*. Le *se* est direct. Elle ne *s'est* pas souvenue de mon adresse. N.B. Ce sont des synonymes, mais *se rappeler* n'a pas de *de*, *se souvenir* a un *de*; donc, l'un est verbe transitif direct, l'autre transitif indirect.
rapprocher, *v.*	faire venir plus près J'*ai rapproché* ma chaise.
reprocher, *v.*	blâmer quelqu'un ou quelque chose
recouvrer, *v.*	retrouver, obtenir de nouveau Le prisonnier *a recouvré* sa liberté.
recouvrir, *v.*	couvrir complètement La neige *recouvre* tout.
regarder, *v.*	fixer les yeux sur
voir, *v.*	percevoir par les yeux
rendre, *v.*	restituer une chose, faire devenir Il ne lui *a* pas *rendu* l'argent qu'il a emprunté. Son succès nous *rend* optimiste.
se rendre, *v.*	céder
se rendre à, *v.*	aller Le président *se rendra au* Moyen-Orient la semaine prochaine.
répandre, *v.*	distribuer, faire connaître, verser Les journaux *répandent* les nouvelles.
répondre, *v.*	On *répond* à une question, et à quelqu'un. *Répondez*-moi.

retourner, *v.*   tourner dans un autre sens, renvoyer
Retourne la crêpe, sinon elle va brûler.
Je vais *retourner* cette marchandise.

**se retour-
ner,** *v.*   regarder derrière soi en tournant la tête en arrière,
faire demi-tour
Elle est partie sans *se retourner*.

rentrer, *v.*   aller ou revenir à la maison
Tu *rentres* à 19h ce soir?

retourner, *v.*   (en, à, dans, chez)
Retourner en France
Retourner à Paris
Retourner dans son petit pays
Retourner chez soi

retourner, *v.*   *aller* de nouveau, tourner de nouveau, renvoyer
Je vais *retourner* au point de départ.

revenir, *v.*   *venir* de nouveau, se rendre là d'où l'on est
parti
Je dois partir mais je *reviendrai*.

romain, *adj.*   adj. qui correspond à *Rome*

roman, *n.m.*   oeuvre d'imagination en prose,
style d'art du Moyen-Age,
langue dérivée du latin

roue, *n.f.*   nom qui correspond au verbe *rouler*, partie
d'un véhicule qui roule sur la route
Une moto a deux *roues*.

route, *n.f.*   voie pour les véhicules

rue, *n.f.*   voie pour les véhicules en ville

sauver, *v.*   tirer d'un danger

se sauver, *v.*   fuir, partir en vitesse.
Je suis pressé, je *me sauve*.
Il *s'est sauvé* à la nage.

savoir, *v.*	suggère une idée de connaissance Je *sais* conduire.
pouvoir, *v.*	suggère une idée de possibilité Je *sais* conduire mais je ne *peux* pas à cause de ma jambe cassée.
sensible, *adj.*	important, perceptible par les sens, qui fait mal. Le dollar a fait une baisse *sensible* contre le yen japonais. Je suis *sensible* au froid. J'ai une dent *sensible*.
sensible, *adj.*	1. capable de sensation et de perception Je suis *sensible* à la beauté. 2. capable de sentiments Elle est très *sensible* aux problèmes des défavorisés. 3. matériel = palpable, visible Sa voix était si douce qu'elle était à peine *sensible*.
sensitif, *adj.*	qui transmet les sensations. Ses nerfs *sensitifs* ne sont pas atteints.
sensitif, *adj.*	ressemble au mot anglais mais c'est un faux ami; mot plus technique
serai, *v.*	futur du verbe *être*
serrai, *v.*	passé simple du verbe *serrer*
serment, *n.m.*	affirmation solennelle
sermon, *n.m.*	discours religieux
servir, *v.*	se rapporte au service Il nous *a servi* un dîner superbe.
servir à, *v.*	être bon à À quoi ça *sert*?

servir de, *v.* tenir lieu
Cette pièce *sert de* bureau.

se servir de, *v.* faire usage
Elle *se sert* d'un ordinateur pour faire ses dessins.

si, *adv.* a. (devant un adj. ou adv.)
à ce point, à un tel degré
Ils sont *si* gentils!
b. remplace *oui* après une question posée au négatif
Vous ne venez pas?—*Si.*

si, *conj.* a. pose une question indirecte
Je me demande *si* nos amis viendront?
b. exprime avec le verbe à l'imparfait une proposition
Si on allait au cinéma?
Si on les invitait à dîner?
c. *Si* + on + imparfait
expression idiomatique utilisée avec le pronom familier *on* = nous
d. exprime avec l'imparfait un fait contraire à la réalité présente
S'ils comptaient signer le contrat, nous le saurions.
e. exprime avec le plus-que-parfait un fait contraire à une réalité passée
S'ils avaient su, ils auraient adopté une stratégie différente.

sitôt, *adv.* aussi vite
Sitôt dit, *sitôt* fait.
Je ne reviendrai pas de *sitôt.*

si tôt, *adv.* de si bonne heure, contraire de *si tard*

Sitôt que, *conj.* dès que

sort, *n.m.* destin

sorte, *n.f.* genre, espèce

souffrir, *v.t.* tolérer, avoir mal (sens propre, sens figuré)
Il ne peut pas me *souffrir.*
Il a beaucoup *souffert.*

souffrir de il est question de douleur morale
+ *infinitif* Ils *souffrent* de ne rien pouvoir faire.

souffrir de avoir mal, être affligé
+ *nom* Elle *souffre* du dos.
Ils *souffrent* de la discrimination.

stupéfait, Nous étions *stupéfaits d'*apprendre son échec.
adj.

stupéfié, *par-* Les événements nous ont *stupéfiés.*
ticipe passé

tarder à, *v.* prendre longtemps
L'économie *tarde à* se stabiliser.

tarder de, désirer fort
v. imp. Il nous *tarde de* les revoir.

teint, *n.m.* nuance de la couleur du visage

teint, *adj.* participe passé du verbe *teindre*, donner une couleur à quelque chose

teinte, *n.f.* nuance d'une couleur

tint passé simple de *tenir*

témoigner montrer, exprimer quelque chose
quelque Il m'*a témoigné* une grande sympathie.
chose

témoigner affirmer, garantir, prouver
de quelque Cela *témoigne* de leur courage.
chose

temps, *n.m.* état de l'atmosphère, mesure de durée

ton, *n.m.* inflexion de la voix, d'un instrument de musique

ton, *adj.*	adjectif possessif
tant, *adv.*	tellement
tombe, *n.f.*	lieu de la sépulture
tombeau, *n.m.*	monument élevé sur une *tombe*
tout à coup, *loc. adv.*	soudainement
tout à fait *loc. adv.*	complètement
tout à l'heure, *loc. adv.*	dans peu de temps, il y a peu de temps
tout de même, *loc. adv.*	malgré tout, néanmoins, pourtant
tout de suite, *loc. adv.*	immédiatement
tout d'un coup, *loc. adv.*	soudain
tremper, *v.*	mettre dans un liquide, mouiller J'ai simplement *trempé* mes lèvres. Ne reste pas sous la pluie car tu vas être *trempé*.
tromper, *v.*	1. induire en erreur, duper Ils nous ont bien *trompés* avec leur histoire. 2. être infidèle Il ne comprend pas pourquoi sa femme l'a *trompé*. 3. donner une satisfaction illusoire Ce fruit juteux a *trompé* ma soif.
trouver, *v.*	découvrir

se trouver, *v.*	être situé, être Où *se trouve* le musée Picasso? Il *se trouve* confronté à d'énormes problèmes.
usagé, *adj.*	qui a été employé mais qui peut encore servir (restrictif) Ce pneu est *usagé*. L'Armée de Salut recherche des vêtements *usagés* pour les pauvres.
usé, *adj.*	qui est hors d'usage ou presque Ta veste est complètement *usée*. Achètes-en une autre.
valable, *adj.*	acceptable, admissible, ce qui a de la valeur Ce billet est encore *valable*. Ce n'est pas une raison *valable*.
valide, *adj.*	vigoureux, en bonne santé Cet homme est vieux mais *valide*.
veille, *n.f.*	contraire de *lendemain*, jour qui précède, partie de la nuit quand on n'est pas couché
vieille, *adj.*	féminin de *vieux*
veste, *n.f.* **veston,** *n.m.* **(homme)**	une *veste* de pyjama Si je porte un complet (tailleur pour une femme), mon *veston* et mon pantalon sont assortis.
viser, *v.i.*	diriger ses efforts vers Cette loi *vise* à la nationalisation des industries. Il *vise* aux plus hautes fonctions.
viser, *v.t.*	fixer l'oeil sur un objectif, pointer une arme Le soldat *a visé* juste. Je *vise* la cible. La loi *vise* les salaires élevés.
visite **(faire une)**	aller voir quelqu'un

visiter, *v.* les endroits, les monuments dans lesquels on peut entrer
visiter Paris, le Louvre

vitrail, *n.m.* partie d'une fenêtre peinte qu'on voit dans les églises

vitre, *n.f.* panneau de verre

vitrine, *n.f.* devanture d'un magasin, meuble pour exposer des objets

――――――――――――――――― IN EXTREMIS ―――――――――――――――――

Encore un exemple, petit peut-être, mais qui a quand même son importance, de la manière dont l'usage dans les deux langues peut être différent. Les meubles français se tiennent sur leurs *pieds*; ils n'ont pas de *jambes* comme les nôtres!

7 Homonyms

Homonyms are words that, although pronounced alike, are quite different in meaning, such as in English a *pane* of glass and a *pain* in the head. We have also included examples of words that may have two distinct meanings, such as the English *late*, which may signify *tardy* or *recently deceased*. French has many instances of both. An awareness of the words that follow could help the learner develop what might be called "informal fluency," the ability to chitchat about inconsequential matters and to handle puns.

à	préposition
a **as**	formes du présent de l'indicatif du verbe *avoir*
aile, *n.f.*	partie d'un oiseau, d'un avion ou d'un bâtiment
elle	pronom personnel
attentat, *n.m.*	acte terroriste
atteinte, *n.f.*	attaque, dommage, outrage
bal, *n.m.*	assemblée où l'on danse
balle, *n.f.*	jouet, projectile de revolver, etc.
cahot, *n.m.*	secousse, saut que fait une voiture sur une mauvaise route
chaos, *n.m.*	grande confusion
censé, *adj.*	supposé

sensé, *adj.*	intelligent, raisonnable
ces	pluriel de l'adjectif démonstratif *ce, cet, cette*
c'est	forme impersonnelle du verbe *être*
sais **sait** ⎫	présent de l'indicatif du verbe *savoir*
ses	pluriel de l'adjectif possessif *son, sa*
cour, *n.f.*	espace fermé par des murs, résidence d'un roi, tribunal
cours, *n.m.*	mouvement de l'eau, promenade, *cours* d'histoire
cours **court** ⎫	formes du verbe *courir*
court, *adj.*	contraire de *long*
court, *n.m.*	terrain de tennis
cru, *n.m.*	vin produit par un seul vignoble
cru, *adj.*	ce qui n'est pas cuit
cru, *v.*	participe passé du verbe *croire*
crû, *v.*	participe passé du verbe *croître*
dans, *prép.*	à l'intérieur de
dent, *n.f.*	ce avec quoi on mord
d'en	préposition *de* plus pronom *en*
épais, *adj.*	contraire de *mince*
épée, *n.f.*	arme en acier
es **est** ⎫	formes du présent de l'indicatif du verbe *être*
et, *conj.*	conjonction de coordination
feu, *n.m.*	incendie, ce qui brûle

feu, *adj.*	mort récemment N.B. Cet adjectif est invariable quand il précède l'article ou l'adjectif: *feu* ma tante, ma *feue* tante. Cet usage se fait rare sauf dans le langage écrit. On dirait, "ma *défunte* tante."
faim, *n.f.*	besoin de manger
fin, *n.f.*	nom du verbe *finir*
foi, *n.f.*	confiance
foie, *n.m.*	organe qui sécrète la bile
fois, *n.f.*	quantité, répétition: une *fois*, deux *fois*...
fond, *n.m.*	endroit le plus bas d'une chose creuse, partie la plus lointaine d'un espace, terre solide sous un océan ou une rivière
fonds, *n.m.*	ensemble de biens, capital placé, Leur famille a établi un *fonds* de bienfaisance.
font, *v.*	troisième personne du pluriel du présent de l'indicatif du verbe *faire*
jeune, *adj.*	contraire de *vieux*
jeûne, *n.m.*	abstinence de manger
la	féminin de l'article défini, féminin de l'objet direct
là, *adv.*	contraire d'*ici*
las, *adj.*	synonyme de *fatigué*
laid, *adj.*	contraire de *beau, joli*
lait, *n.m.*	liquide blanc et potable produit par la vache, la chèvre, etc.
les	pluriel de l'objet direct *le, la, l'*, pluriel de l'article défini *le, la, l'*

lieu, *n.m.*	place, localité
lieue, *n.f.*	ancienne mesure de distance (environ 4 Km)
mai, *n.m.*	un des douze mois
mais, *conj.*	marque l'opposition ou la transition
mes	adj. possessif, pluriel de *mon*, *ma*
maire, *n.m.*	chef d'une ville
mer, *n.f.*	océan
mère, *n.f.*	femme qui a un enfant
mari, *n.m.*	homme marié, époux
Marie	nom propre
maux, *n.m. pl.*	pluriel du nom *mal*
mot, *n.m.*	parole
moi	pronom personnel
mois, *n.m.*	Une année est composée de douze *mois*.
moral, *n.m.*	la vie mentale, disposition Malgré sa maladie, il a un bon *moral*.
moral, *adj.*	qui concerne la moralité
morale, *n.f.*	science du bien et du mal
mur, *n.m.*	côté d'une maison
mûr, *adj.*	qui arrive à la maturité: une pomme *mûre*; l'âge *mûr*: l'âge de la maturité
or, *n.m.*	métal précieux
or, *conj.*	marque une contradiction, introduit un nouvel élément dans un récit Elle dit avoir passé la journée dans les grands magasins, *or* personne ne peut le confirmer.

ou, *conj.*	indique une alternative
où, *adv.*	marque le lieu ou le temps
pair, *n.m.*	noble, de la même catégorie sociale un nombre *pair*, 2, 4, 6, etc.
paire, *n.f.*	deux choses semblables
père, *n.m.*	parent masculin
panser, *v.*	soigner, traiter une blessure (physique ou psychologique) Après la guerre, il fallait *panser* les plaies.
penser, *v.*	réfléchir
parti, *n.m.*	groupe qui a les mêmes opinions
partie, *n.f.*	portion, match
pêche, *n.f.*	fruit
pêche, *n.f.*	action de prendre les poissons
péché, *n.m.*	transgression de la loi divine
pêcher, *n.m.*	arbre qui donne des pêches
pêcher, *v.*	prendre des poissons
pécher, *v.*	transgresser la loi divine
plu	participe passé du verbe *pleuvoir*
plu	participe passé du verbe *plaire*
plus tôt, *adv. comp.*	contraire de *plus tard*
plutôt, *adv.*	indique une préférence
poids, *n.m.*	nom qui correspond au verbe *peser*
pois, *n.m.*	légume (le *petit pois*)
poignée, *n.f.*	ce qu'une main fermée peut contenir, un nombre très réduit

poignet, *n.m.*	partie du corps entre la main et l'avant-bras
pré, *n.m.*	champ
près, *adv.*	contraire de *loin*
prêt, *adj.*	préparé
sain, *adj.*	en bonne santé
saint, *n.m.*	personne canonisée
sein, *n.m.*	partie de la poitrine (au) *sein* de cette entreprise = dans
scène, *n.f.*	sur laquelle jouent les acteurs au théâtre, partie de la pièce
Cène, *n.f.*	dernier repas que le Christ prit avec les apôtres
Seine, *n.f.*	fleuve qui traverse Paris
sale, *adj.*	contraire de *propre*, méchant, méprisable
salle, *n.f.*	chambre, pièce
sauf, *adj.*	sauvé (être sain et sauf)
sauf, *prép.*	excepté
saut, *n.m.*	nom qui correspond au verbe *sauter*
sceau, *n.m.*	nom qui correspond au verbe *sceller*
seau, *n.m.*	récipient pour transporter l'eau
sot, *adj., n.m.*	idiot, stupide, personne stupide
scelle	partie du verbe *sceller* (cacheter)
sel, *n.m.*	substance blanche employée pour assaisonner, épice
selle, *n.f.*	chose en cuir qu'on met sur le dos d'un cheval pour s'y asseoir

sitôt, *adv.*	aussitôt
si tôt, *adv.*	contraire de *si tard*
suis	première personne du singulier du présent du verbe *être*
suis	première personne du singulier du présent du verbe *suivre*
sûr, *adj.*	certain
sur, *prép.*	contraire de *sous*
tâche, *n.f.*	ce qu'on doit faire
tache, *n.f.*	marque sale
tant, *adv.*	un si grand nombre
temps, *n.m.*	durée, condition atmosphérique
tante, *n.f.*	parent féminin qui correspond à *oncle*
tente, *n.f.*	abri pour les campeurs
tenter, *v.*	je tente, il/elle tente
tentative, *n.f.*	acte de tenter
toi	pronom personnel
toit, *n.m.*	ce qui couvre la maison
vaut **vaux** }	formes du verbe *valoir*
veau, *n.m.*	le petit de la vache
ver, *n.m.*	animal dont se servent les pêcheurs pour prendre les poissons
verre, *n.m.*	ustensile pour boire
vers, *n.m.*	chaque ligne d'un poème
vers, *prép.*	indique la direction

vert, *adj.*	couleur
veut **veux** ⎫	formes du présent de l'indicatif du verbe *vouloir*
voeu, *n.m.*	souhait, désir
vice, *n.m.*	défaut moral ou physique, défaut mécanique ou de construction
vis, *n.f.*	prononcé "visse" sorte de clou enfoncé en le tournant avec un tourne*vis*
vis	formes du singulier du présent de l'indicatif du verbe
vit	*vivre*
vis	formes du singulier du passé défini (simple) du verbe
vit	*voir*

LES LANGUES VIVANTES

On penserait que les langues telles que le français, l'espagnol, l'italien, le russe, etc. devraient s'appeler "les langues modernes"? Mais le terme français est "les langues vivantes" ce qui est à la fois plus exact, et facile à se rappeler. Cela montre clairement les dangers de se servir d'un mot qui existe dans les deux langues mais pas avec le même sens.

8 Les Faux Amis

One of the most frustrating experiences in reading French is to come upon a word similar to English only to discover the meaning is somehow very different. "Ce garçon a *sensiblement* grandi" makes little sense if the adverb is thought to mean the same as its English equivalent. There follows a list of the most common of the many words shared by the two tongues which are not, however, synonyms. We have first given a French synonym for the "false friend" in question, then the French equivalent for the English, for example:

> **actuellement,** *adv.* ✔ en ce moment, maintenant
> **X** vraiment, en réalité

There are also a large number of *demi-faux amis*, words like *défendre*, which can mean the same as in English, but also have another, different meaning. Compare for example:

> L'armée *défend* la ville.

> J'ai *défendu* à mon fils d'aller trop près du feu.

It is evident that English will work for the first, not for the second.

And there is another category, not listed here in this section, of words that used to be *faux amis* but that no longer are. *Réaliser* is a good example. For a long time, in French, it had only its literal meaning of making a dream come true, of receiving cash from an investment, etc. Now it can be used to mean imagine, understand, make vivid, the same as its English cognate. Thus one can say, "J'ai *réalisé* mon ambition" and "J'ai *réalisé* que l'élève ne comprenait rien."

achèvement, *n.m.*	✔ fin (n.f.) ✘ accomplissement
achever, *v.t.*	✔ finir, tuer ✘ réussir
actuel, *adj.*	✔ en ce moment ✘ vrai
actuellement, *adv.*	✔ adverbe qui correspond à *actuel* ✘ véritablement
affluent, *adj.*	✔ s'applique à un cours d'eau ✘ riche
agonie, *n.f.*	✔ dernière lutte avant la mort ✘ souffrance
agoniser, *v.i.*	✔ verbe qui correspond à *agonie* ✘ souffrir
agréer, *v.i.*	✔ accepter ✘ être d'accord
alléger, *v.t.*	✔ rendre plus léger ✘ affirmer, prétendre
allure, *n.f.*	✔ vitesse, attitude, apparence ✘ charme
apologie, *n.f.*	✔ justification ✘ excuse
application, *n.f.*	✔ zèle, diligence ✘ demande, dossier, écrit de demande
appointements, *n.m. pl.*	✔ salaire ✘ rendez-vous
apte, *adj.*	✔ capable ✘ avoir tendance

assister à, *v.i.*

   ✔ être présent à (mais sans la préposition il a le même sens qu'en anglais, un synonyme du verbe *aider*)

   ✗ aider

attendre, *v.t.*

   ✔ passer son temps jusqu'à l'arrivée d'une personne ou d'une chose

   ✗ assister à

audience, *n.f.*

   ✔ admission auprès d'une personne, séance devant un tribunal

   ✗ les spectateurs, l'auditoire (n.m.)

avertir, *v.t.*

   ✔ informer quelqu'un de quelque chose

   ✗ éviter

avertissement, *n.m.*

   ✔ nom qui correspond à *avertir*

   ✗ réclame

axe, *n.m.*

   ✔ principal diamètre d'un corps

   ✗ hache

bachelier, *n.m.*

   ✔ celui qui a son diplôme de bachelier

   ✗ célibataire

   N.B. En France, les jeunes gens passent un examen à la fin de leurs études secondaires, le baccalauréat (le bac). Ceux qui y sont reçus peuvent être admis alors dans les "grandes écoles," dans les universités. Cet examen comprend une partie écrite et une partie orale, et il est fondé sur une compétence à peu près comparable à ce qu'on sait aux États-Unis au bout de l'année dite "sophomore" à l'université.

bigot, bigote, *adj. et n.*	✔	qui est excessivement pieux
	✗	qui est intolérant
billion, *n.m.*	✔	un million de millions (très rare)
	✗	milliard
blesser, *v.t.*	✔	faire mal
	✗	bénir
bomber, *v.t.*	✔	rendre convexe
	✗	bombarder
box, *n.m.*	✔	stalle pour un cheval, compartiment pour une voiture
	✗	boîte
bride, *n.f.*	✔	partie du harnais
	✗	épouse, mariée
brutal, *adj.*	✔	violent
	✗	cruel
bureau, *n.m.*	✔	table de travail, salle de travail
	✗	armoire, commode
cabinet, *n.m.*	✔	petite pièce
	✗	placard
cargo, *n.m.*	✔	bateau de marchandises
	✗	charge
cave, *n.f.*	✔	sous sol d'une habitation
	✗	caverne
chance, *n.f.*	✔	hasard heureux, bonne fortune
	✗	risque
change, *n.m.*	✔	troc
	✗	changement, monnaie
collège, *n.m.*	✔	école secondaire (11 à 15 ans)
	✗	université, faculté
comédie, *n.f.*	✔	pièce de théâtre qui finit bien
	✗	pièce comique

comédien, *n.m.*	✔ tout acteur, y compris un acteur comique
	✘ acteur comique
casque, *n.m.*	✔ coiffure protectrice en métal ou en plastique
	✘ baril
casquette, *n.f.*	✔ sorte de béret à visière porté par les jockeys, cyclistes, etc.
	✘ coffret, cassette, cercueil, bière
commode, *adj.*	✔ pratique, confortable
	✘ spacieux
commode, *n.f.*	✔ grand meuble
	✘ chaise percée
compétition, *n.f.*	✔ comme en anglais pour les sports
	✘ concurrence
complainte, *n.f.*	✔ chanson populaire
	✘ plainte
complexion, *n.f.*	✔ constitution du corps, tempérament
	✘ teint
composition, *n.f.*	✔ examen, ou essai, ingrédients, éléments constitutifs
	✘ thème, étude
concurrence, *n.f.*	✔ rivalité
	✘ accord
conducteur, *n.m.*	✔ personne qui conduit, chauffeur, guide
	✘ contrôleur, chef d'orchestre
confection, *n.f.*	✔ achèvement, fabrication en série
	✘ sucrerie, bonbon, confiserie

confus, *adj.*
- ✔ embarrassé
- ✗ perplexe

congrès, *n.m.*
- ✔ assemblée
- ✗ parlement

contempler, *v.t.*
- ✔ regarder
- ✗ penser

correct, *adj.*
- ✔ conforme aux règles, au bon goût
- ✗ exact

courrier, *n.m.*
sing.
- ✔ ensemble des lettres, journaux, etc., envoyé par la poste
- ✗ messager, coursier

course, *n.f.*
- ✔ nom du verbe *courir*
- ✗ cours (à l'école)

crier, *v.*
- ✔ parler très fort
- ✗ pleurer

déception, *n.f.*
- ✔ être trompé dans ses espérances
- ✗ tromperie

défiance, *n.f.*
- ✔ manque de confiance
- ✗ défi

délivrer, *v.t.*
- ✔ libérer
- ✗ expédier, livrer

demander, *v.t.*
- ✔ prier
- ✗ exiger

N.B. On ne peut pas en français "demander" une question, on la *pose*. Pourtant, on demande un renseignement ou une explication.

dérober, *v.t.*
- ✔ voler
- ✗ déshabiller

dévotion, *n.f.*
- ✔ attachement à la religion
- ✗ dévouement

dot, *n.f.*   ✔ l'argent qu'a une jeune fille pour son mariage
              ✘ point

drap, *n.m.*   ✔ tissu pour le lit
              ✘ rideau

dresser, *v.t.*   ✔ lever
              ✘ habiller

éditer, *v.t.*   ✔ publier
              ✘ rédiger

éditeur, *n.m.*   ✔ nom qui correspond au verbe *éditer*
              ✘ rédacteur

emphase, *n.f.*   ✔ exagération (soit de ton, soit dans les termes employés) antonyme de *naturel, simplicité*
              ✘ énergie, vigueur, éclat

engagement, *n.m.*   ✔ promesse
              ✘ fiançailles, rendez-vous

errer, *v.i.*   ✔ marcher çà et là sans but
              ✘ se tromper

éventuel, *adj.*   ✔ incertain, si le cas se présente
              ✘ futur, possible

éventuellement, *adv.*   ✔ hypothétiquement, peut-être, imprévisiblement, si cela est nécessaire
              ✘ un de ces beaux jours, finalement

exciter, *v.t.*   ✔ Méfiez-vous du verbe *exciter* en français. Ce n'est pas tout à fait la même chose qu'en anglais. On peut *exciter* une personne ou un animal en le taquinant, en le provoquant. On peut *exciter* la pitié ou la sympathie, ou l'intérêt de quelqu'un.

X S'il s'agit d'un film ou d'un livre, on est *intrigué, passionné, emballé, enthousiasmé,* et ainsi de suite. Si vous recevez une bonne nouvelle, vous en êtes *ravi* ou *enchanté* ou *transporté de joie.* Dans un mot, évitez l'emploi d'*exciter* si vous êtes plein d'allégresse ou d'agitation. Les équivalents ne manquent pas!

faculté, *n.f.*
   ✔ comme en anglais pour capacité, section d'une université, Faculté des Lettres, de Droit, de Médecine
   X corps enseignant

fade, *adj.*
   ✔ insipide
   X languir, se faner (verbes)

fastidieux, *adj.*
   ✔ ennuyeux, endormant, insipide,
   X recherché, raffiné, exigeant, méticuleux

fat, *adj.*
   ✔ vaniteux
   X gros

figure, *n.f.*
   ✔ visage
   X chiffre, taille

filer, *v.i.*
   ✔ partir
   X classer, demander

fin, *adj.*
   ✔ mince et élégant
   X beau

fixer, *v.t.*
   ✔ attacher
   X raccommoder, réparer

football, *n.m.*
   ✔ le "soccer"
   X "le football américain"

formel, *adj.*	✔ qui est formulé avec précision, qui ne permet pas de discussion, catégorique
	✘ cérémonieux, solennel, officiel
formellement, *adv.*	✔ rigoureusement, nettement, certainement
	✘ officiellement, cérémonieusement
front, *n.m.*	✔ partie du visage, zone de combat
	✘ devant
gale, *n.f.*	✔ affection de la peau
	✘ tempête
génial, *adj.*	✔ qui possède le génie, super sympa
	✘ agréable, bien élevé, cordial
gentil, *adj.*	✔ agréable, sympathique
	✘ doux
grade, *n.m.*	✔ rang
	✘ note
gradué, *adj.*	✔ divisé en degrés
	✘ ancien élève, diplômé
grappe, *n.f.*	✔ groupe de raisins
	✘ raisin
grave, *adj.*	✔ adjectif comme en anglais
	✘ tombe (n.f.)
grief, *n.m.*	✔ plainte, motif d'accusation
	✘ douleur
habit, *n.m.*	✔ vêtement
	✘ habitude
hardi, *adj.*	✔ audacieux
	✘ robuste
hasard, *n.m.*	✔ chance, événement imprévisible
	✘ risque

hâte, *n.f.*	✔ rapidité
	✘ haine
hisser, *v.t.*	✔ lever (les voiles d'un bateau)
	✘ huer
hurler, *v.*	✔ crier
	✘ jeter
idiome, *n.m.*	✔ patois, langue
	✘ idiotisme
idiotisme, *n.m.*	✔ expression propre à une langue
	✘ stupidité, idiotie (pron, *si*)
incessamment, *adv.*	✔ sans délai
	✘ sans cesse
indolence, *n.f.*	✔ apathie
	✘ paresse
ingénuité, *n.f.*	✔ naïveté, simplicité
	✘ ingéniosité
inhabitable, *adj.*	✔ qu'on *ne* peut *pas* habiter
	✘ habitable
injure, *n.f.*	✔ insulte
	✘ blessure
insolite, *adj.*	✔ contraire d'*habituel*
	✘ impoli
intoxication, *n.f.*	✔ empoisonnement
	✘ ivresse
introduire, *v.t.*	✔ faire entrer
	✘ présenter
issue, *n.f.*	✔ sortie
	✘ émission, numéro
journée, *n.f.*	✔ mot de la même famille que *jour*
	✘ voyage, trajet

labour, *n.m.*
- ✔ travail uniquement agricole
- ✘ la main-d'oeuvre, les ouvriers

labourer, *v.t.*
- ✔ verbe qui correspond à *labour*
- ✘ travailler

lande, *n.f.*
- ✔ terre sauvage, inculte
- ✘ terre, terrain

langage, *n.m.*
- ✔ faculté de communication
- ✘ langue

large, *adj.*
- ✔ contraire d'*étroit*
- ✘ gros, grand

lecture, *n.f.*
- ✔ nom qui correspond au verbe *lire*
- ✘ conférence

libraire, *n.f.*
- ✔ personne qui travaille dans une *librairie*
- ✘ bibliothèque

librairie, *n.f.*
- ✔ magasin de livres
- ✘ bibliothèque

licence, *n.f.*
- ✔ comme en anglais excepté pour les voitures, etc.
- ✘ permis de conduire

lie, *n.f.*
- ✔ dépôts dans un liquide
- ✘ mensonge

location, *n.f.*
- ✔ nom qui correspond au verbe *louer* (réserver)
- ✘ place, lieu, endroit, emplacement

luxure, *n.f.*
- ✔ abandon aux plaisirs charnels
- ✘ luxe

machin, *n.m.*
- ✔ personne ou chose, truc
- ✘ machine

marier, *v.*
- ✔ un prêtre (ou pasteur ou rabbin) *marie* un garçon et une fille
- ✘ épouser, se marier à (avec)

mat, *adj.*
- 🡕 sans éclat
- **X** dessous de plat, petit tapis

messe, *n.f.*
- 🡕 office catholique
- **X** désordre

ministre, *n.m.*
- 🡕 homme d'état
- **X** pasteur

monnaie, *n.f.*
- 🡕 ce qu'on introduit dans un téléphone public
- **X** argent

nappe, *n.f.*
- 🡕 ce qui couvre la table dans la salle à manger
- **X** serviette, sieste

net, -te, *adj.*
- 🡕 propre, clair
- **X** filet

notice, *n.f.*
- 🡕 exposé succinct, résumé
- **X** avis, avertissement

notoriété, *n.f.*
- 🡕 bonne réputation
- **X** mauvaise réputation

office, *n.m.*
- 🡕 fonction publique, cérémonie religieuse
- **X** bureau

officieux, *adj.*
- 🡕 qui n'est pas encore officiel mais qui provient d'une source autorisée
- **X** pompeux, importun

ombrelle, *n.f.*
- 🡕 parasol individuel
- **X** parapluie

onéreux, *adj.*
- 🡕 contraire de *gratuit*, qui occasionne des dépenses (des études onéreuses)
- **X** difficile, exigeant, lourd

opportunité, *n.f.* ✔ ce qui arrive à propos
✘ occasion

pamphlet, *n.m.* ✔ écrit satirique et violent
✘ brochure

partenaire, *n.m.* ✔ terme sportif
✘ collègue, associé

parti, *n.m.* ✔ comme en anglais pour la politique
✘ fête, partie

particulier,
ère, adj., *n.m.* ✔ qui appartient à un individu plutôt qu'à un groupe de personnes ou à une compagnie une maison *particulière* = une maison privée
✔ un individu, personne privée
✘ exigeant, qui n'est pas facilement satisfait

passer un examen ✔ se présenter à un examen
✘ réussir, être reçu

peine, *n.f.* ✔ difficulté, tristesse
✘ souffrance

performance, *n.f.* ✔ terme sportif
✘ représentation

peuple, *n.m.* ✔ classe de société ni aristocratique ni bourgeoise, groupe qui forme une nation
✘ personnes

photographe, *n.m.* ✔ celui qui prend des photos
✘ une photographie (photo)

phrase, *n.f.* ✔ proposition complète (entre deux points)
✘ proposition subordonnée, locution

physicien, *n.m.*
- ✔ qui s'occupe de la physique
- ✗ médecin

pièce, *n.f.*
- ✔ pièce de théâtre, chambre, fragment, document, pièce de monnaie
- ✗ morceau, feuille (de papier)

placard, *n.m.*
- ✔ armoire dans un mur pour ranger ses affaires
- ✗ brochure, affiche, écriteau

place, *n.f.*
- ✔ comme en anglais, aussi là où on s'assied, partie d'une ville où plusieurs rues se rencontrent: la place de la Concorde à Paris
- ✗ lieu, endroit

plat, *n.m.*
- ✔ pièce de vaisselle plus grande qu'une assiette, son contenu
- ✗ assiette

plate-forme, *n.f.*
- ✔ terrasse, plancher
- ✗ *quai* dans les gares

populaire, *adj.*
- ✔ qui appartient au peuple, démocratique
- ✗ aimé de tout le monde

préjudice, *n.m.*
- ✔ tort
- ✗ préjugé

prétendre, *v.*
- ✔ affirmer, vouloir, aspirer
- ✗ feindre

prétention, *n.f.*
- ✔ volonté, exigence
- ✗ aspiration

prévenir, *v.*
- ✔ informer à l'avance
- ✗ empêcher

prime, *n.f.*
- ✔ récompense (n.f.)
- ✗ premier (adj.)

procès, *n.m.*	✔	instance devant un juge
	X	méthode, marche des événements
procureur, *n.m.*	✔	magistrat de l'accusation
	X	proxénète
propre, *adj.*	✔	indique la possession, contraire de *sale*
	X	comme il faut, correct
provoquer, *v.*	✔	défier, occasionner, causer, créer, déclencher
	X	irriter
prune, *n.f.*	✔	espèce de fruit frais
	X	pruneau (prune séchée)
quart, *n.m.*	✔	la fraction *un sur quatre*
	X	mesure qui correspond à un *litre*
rage, *n.m.*	✔	maladie, surtout des chiens, dont Pasteur a trouvé le remède
	X	colère, se mettre en *rage*, mode
raisin, *n.m.*	✔	fruit de la vigne
	X	raisin sec
ravissement, *n.m.*	✔	enchantement
	X	rapt, viol
rayon, *n.m.*	✔	lueur, tablette d'une bibliothèque
	X	rayonne, soie artificielle
réclamer, *v.t.*	✔	protester, exiger son dû
	X	récupérer
rein, *n.m.*	✔	partie du corps
	X	rêne, bride, guide
relation, *n.f.*	✔	ami, connaissance
	X	parent
relief, *n.m.*	✔	inégalité de surface
	X	soulagement

rente, *n.f.*
- ✔ revenu
- ✘ loyer

rentier, *n.m.*
- ✔ nom pour celui qui vit de ses *rentes*
- ✘ locataire

reste, *n.m.*
- ✔ ce qui demeure
- ✘ repos

rester, *v.*
- ✔ verbe qui correspond au nom *reste*, demeurer
- ✘ se reposer

retirer, *v.*
- ✔ tirer une chose d'où elle est
- ✘ se coucher, prendre sa retraite

retourner, *v.*
- ✔ revenir
- ✘ rendre

ride, *n.f.*
- ✔ pli du visage, de la peau
- ✘ chevauchée (cheval), tour (auto), promenade (auto)

rider, *v.*
- ✔ verbe qui correspond au nom *ride*
- ✘ chevalier (n.m.)

roman, *n.m.*
- ✔ livre d'imagination en prose
- ✘ romain

romance, *n.m.*
- ✔ chanson sentimentale
- ✘ idylle

romanesque, *adj.*
- ✔ qui ressemble à un roman
- ✘ romantique, en architecture: roman

rude, *adj.*
- ✔ âpre, dure, redoutable
- ✘ impoli

sage, *adj.*
- ✔ prudent, circonspect, obéissant
- ✘ sagace, intelligent

sale, *adj.*
- ✔ contraire de *propre*
- ✘ vente (n.f.)

sanguin, *adj.*
- ✔ qui a rapport au sang
- ✘ optimiste

séculaire, *adj.*
- ✔ très ancien
- ✘ laïque, séculier, temporel

sécurité sociale, *n.f.*
- ✔ assurance médicale en France
- ✘ subvention pour les personnes à la retraite

sensible, *adj.*
- ✔ ce qui est perçu par les sens
- ✘ intelligent, sage

sentence, *n.f.*
- ✔ maxime, jugement
- ✘ phrase

singe, *n.m.*
- ✔ animal, parent du gorille, orang-outang, etc.
- ✘ brûler légèrement

slip, *n.m.*
- ✔ sous-vêtement
- ✘ gaffe, faux pas

sort, *n.m.*
- ✔ destin
- ✘ sorte, genre

stable, *adj.*
- ✔ adjectif comme en anglais
- ✘ écurie (n.f), étable (n.f.)

store, *n.m.*
- ✔ rideau déroulable
- ✘ magasin, boutique

succéder (à), *v.*
- ✔ venir ensuite
- ✘ réussir

suite, *n.f.*
- ✔ nom du verbe *suivre*
- ✘ complet, costume

supplier, *v.*
- ✔ prier, implorer
- ✘ fournir

surnom, *n.m.*
- ✔ nom ajouté au nom de famille ou au vrai nom: Philippe-le-Bel, Jean-sans-Terre
- ✘ nom de famille

tarder à, *v.*	✔ prendre du temps
	✘ être en retard
trappe, *n.f.*	✔ ouverture dans le plancher, la couverture d'une telle ouverture
	✘ piège
trépasser, *v.*	✔ mourir
	✘ faire intrusion, envahir
tuteur, *n.m.*	✔ personne chargée de protéger un mineur
	✘ précepteur
user, *v.*	✔ détériorer
	✘ employer
vacances, *n.f. (pl.)*	✔ opposé à travail (pluriel)
	✘ espace, place libre
versatile, *adj.*	✔ inconstant, qui change facilement d'opinion
	✘ qui a des aptitudes diverses
veste, *n.f.*	✔ vêtement à manches qui se boutonne devant et qui couvre le buste jusqu'aux hanches
	✘ gilet (qui se porte sous la veste)
vicieux, *adj.*	✔ qui a rapport au vice, dépravé, pervers
	✘ féroce, méchant, malveillant
vilain, *adj.*	✔ méchant, malhonnête
	✘ sale personnage, rôle ingrat
visiter, *v.*	✔ comme en anglais pour les lieux, pas pour les personnes
	✘ faire ou rendre visite à une personne
vulgaire, *adj.*	✔ commun, sans élégance, grossier
	✘ risqué, sordide

| wagon, *n.m.* | ✔ voiture de train ou de métro |
| | ✘ charrette |

SOME NOT SO FAUX, FAUX AMIS

The words in this category are not entirely "faux amis." They are used as in English, but also have an added meaning unknown in English, or vice-versa. We think it important that this further meaning be clearly understood.

addition, *n.f.*	comme en anglais et aussi ce qu'on paye dans un restaurant
aise, *adj.*	comme en anglais mais aussi *riche*
allô, *interj.*	bonjour (employé seulement au téléphone)
amateur, *n.m.*	comme en anglais et aussi celui qui aime quelque chose. C'est un *amateur* du cinéma—il y va tous les jours.
blouse, *n.f.*	comme en anglais, synonyme de *chemisier,* mais surtout vêtement de travail mis par-dessus les autres pour les protéger
caractère, *n.m.*	comme en anglais, mais *personnage* dans un livre ou une pièce de théâtre.
causer, *v.*	comme en anglais mais aussi *parler, bavarder*
circulation, *n.f.*	comme en anglais et aussi mouvement des voitures dans les rues
conférence, *n.f.*	comme en anglais et aussi discours, speech
copie, *n.f.*	comme en anglais et aussi un devoir à l'école Un professeur consciencieux corrige soigneusement les *copies* de ses élèves.
crayon, *n.m.*	comme en anglais mais aussi objet en bois et en graphite pour écrire

défendre, *v.t.* comme en anglais et aussi ne pas permettre

défense, *n.f.* comme en anglais et aussi *interdiction*, le contraire de *permission*

doubler, *v.t.* comme en anglais, et aussi quand on conduit sur la route on *double* une autre voiture; *doubler* un film, c'est substituer une langue à celle employée dans le film original.
Il ne faut pas *doubler* dans les tournants (dépasser une autre voiture).
Les films étrangers ont des sous-titres, ou bien ils sont *doublés*.

étiquette, *n.f.* comme en anglais et aussi morceau de papier qui indique le prix, etc. d'un objet

expérience, *n.f.* comme en anglais et aussi ce qu'on fait dans un laboratoire

formidable, *adj.* comme en anglais et aussi *merveilleux, étonnant, remarquable*

hôte, *n.m.* celui qui est invité aussi bien que celui qui l'invite (hôtesse, n.f.)
L'*hôte* circule parmi ses *hôtes*.

hôtel, *n.m.* comme en anglais et aussi *maison privée* d'une illustre famille

hôtel particulier, *n.m.* maison privée (L'Hôtel Matignon, la résidence du premier ministre)

humeur, *n.f.* comme en anglais pour la disposition de l'esprit, mais pas *humour*
Il fait beau; donc, je suis de bonne *humeur*.
Mon ami m'amuse. Il a de l'*humour*.

ignorer, *v.t.* comme en anglais et aussi *ne pas savoir*

inférieur, *adj.* comme en anglais et aussi plus près de la mer (Seine *inférieure*)

intelligence, *n.f.* comme en anglais et aussi *entente, relations secrètes,* mais pas *espionnage*

intérêt, *n.m.* comme en anglais, et *amour de soi, égoïsme*
Il m'aide non par amitié mais seulement par *intérêt.*

lard, *n.m.* comme en anglais mais aussi *bacon*

magasin, *n.m.* même comme terme militaire mais aussi une *boutique*

major, *n.m.* officier supérieur, mais dans l'armée commandant ou médecin

matinée, *n.f.* comme en anglais et la première partie d'une journée

mine, *n.f.* comme en anglais et aussi *teint, expression*

nerveux, *adj.* comme en anglais et aussi s'applique à un moteur qui a de bonnes reprises

nombre, *n.m.* comme en anglais mais pas le caractère qui le représente, qui est un *chiffre*
43 est un *nombre* composé de deux *chiffres, 4* et *3.*

note, *n.f.* comme en anglais et aussi ce qu'on donne en classe pour indiquer la qualité du travail

papier, *n.m.* comme en anglais mais pas *journal* ni devoir écrit

parent, *n.m.* comme en anglais et aussi tout autre membre de la famille: *oncle, tante, cousin,* etc.
N.B. *Mes parents* (père et mère), l'un de mes *parents* (cousin, etc.)

position, *n.f.* comme en anglais sauf en société *standing,* sauf: on lui a proposé un nouveau *poste.*

proposition, *n.f.* comme en anglais et aussi partie d'une phrase ayant sujet et verbe

quai, *n.m.*	comme en anglais pour les bateaux, aussi employé dans les gares
race, *n.f.*	comme en anglais, mais *course* en parlant sport
reconnais-sance, *n.f.*	même pour ce qui est stratégique, aussi *gratitude* Le pessimiste prétend que la *reconnaissance* n'existe pas.
répétition, *n.f.*	comme en anglais et aussi préparation d'une pièce de théâtre ou d'un morceau de musique
résumer, *v.t.*	comme en anglais mais pas *reprendre*
réunion, *n.f.*	comme en anglais et aussi l'action de *rejoindre*
rumeur, *n.f.*	comme en anglais et aussi *son confus de voix*
sauvage, *adj.*	comme en anglais, aussi *timide, misanthrope*
science, *n.f.*	comme en anglais et aussi *connaissance exacte, savoir*
siège, *n.m.*	comme en anglais pour ce qui est militaire, aussi ce sur quoi on peut s'asseoir (*chaise, banc, sofa*, etc.)
signaler, *v.t.*	comme en anglais et aussi *dénoncer, révéler*
spirituel, *adj.*	comme en anglais et aussi ce qui a de l'esprit, de l'humour, *amusant*
sujet, *n.m.*	comme en anglais, mais pas *cours* ou *matière*
supporter, *v.t.*	comme en anglais et aussi *tolérer*
sympathie, *n.f.*	comme en anglais et aussi *affection, amitié*
sympath-ique, *adj.*	comme en anglais et aussi ce qu'on trouve agréable

terme, *n.m.*	comme en anglais, mais pas *trimestre*
toilette, *n.f.*	comme en anglais et aussi *vêtement féminin* Les *toilettes* des femmes étaient magnifiques
traitement, *n.m.*	comme en anglais et aussi *rémunération* d'un employé de l'Etat

———————————— DES MOTS UTILES ————————————

Il y a deux mots qui rendent des services énormes, *truc* et *machin*. Quand on ne peut trouver le nom d'une chose, ces deux noms-là peuvent toujours servir. "Quel est ce *truc* que vous employez pour ouvrir une bouteille?"

9 Words, Words, Words

SOME SHORTCUTS TO UNDERSTANDING VOCABULARY

It is both interesting and useful for a student to identify words through recognition of how they change in passing from one language to another. The teaching and learning of French vocabulary through cognates is inevitable, and up to a point, desirable. The surprise for the teacher, however, is the discovery that many students don't know the English, so the comment that "nous avons le même mot en anglais" is not always of much help. A greater *piège* is that the student aware of the enormous number of cognates available will make up a French word that doesn't exist, or use a cognate that—though perfectly good—simply is not very French. Some of the meatiest, most specific, most French vocabulary has no English equivalent. Recognizing cognates is useful, but using cognates almost exclusively is dangerous. And great care must be taken to pronounce these cognates as the French do. After all, a word such as *révolution* sounds quite different from our *revolution*.

1. Un circonflexe indique un *S* qui existait dans le vieux francais.

    ex. forêt, hôtel.

2. Un *É* ou un *E* au debut d'un mot indique quelquefois un mot latin qui commençait par un S.

    ex. établissement (Latin *stabilis*)

    école (Latin *schola*)

    esprit (Latin *spiritus*)

3. Un *E* final est souvent en anglais un *Y*.

    ex. faculté, beauté, propriété

4. Quelquefois un G ou un GU au début d'un mot français se remplace par un W en anglais.

    ex. gage, Guillaume

5. La terminaison adverbiale MENT est LY en anglais.

    ex. cordialement, extraordinairement

COMMON PREFIXES

Prefixes in French are quite similar to those in English. A student who has them well in mind, however, will find them extremely useful in extending his vocabulary. Beginning students in particular must be able to separate the prefix from the stem and, in so doing, are more likely to recognize the latter.

anti—	contre Une *antitoxine* est un remède *contre* le poison.
auto—	par soi-même Vous avons proposé un *auto*financement.
com—	avec Un *compagnon* est une personne qui est *avec* vous.
dé(s)—	non Un *déshérité* est celui qui n'a pas les avantages dont jouissent les autres.
é—	de Un *évadé* s'est échappé *de* prison.
équi—	égal *Six* est l'*équivalent* d'une demi-douzaine.
extra—	hors de Ce livre *extraordinaire* sort de l'ordinaire.

im— dans

Pour certains, un baptême comprend l'*immersion* totale *dans* l'eau.

in— dans

Il s'est *inscrit dans* le registre des candidats.

inter— entre

Il ne faut pas les *interrompre*; ils parlent d'affaires sérieuses.

mau— mal

Il va vous *maudire.*

mé— non

Il est *mécontent* de son sort.

o/ob (rare)— exclu

On a *omis* son nom de la liste à cause de sa stupidité.

post— après

Il a *postdaté* son chèque pour être certain d'avoir les fonds nécessaires.

pré— avant

Il a été mis en *préretraite.*

re— une seconde fois

(r' devant Sa lettre était si mal écrite qu'il fallait la *refaire.*
une voyelle
ou *h* muet)

télé— loin

Il observe les étoiles avec son *télescope.*

trans— à travers, ailleurs

Il *transmettra* votre message.

À NOTER: L'adjonction du préfix *re* à un verbe commençant par un *s* n'a pas toujours pour conséquence le redoublement de cet *s*. C'est ainsi qu'on écrit *ressaisir* mais *resaler, resservir* mais *resalir*, etc. Les verbes suivants s'écrivent avec deux *s*: *ressauter, ressayer, ressembler, ressentir, resserrer, resservir, ressortir, ressouvenir, ressurgir* (ou *resurgir*), *ressusciter, ressuyer.*

MAIS, ce préfix qui s'écrit *re* ou *res* se prononce *re*.

WORDS THAT BEGIN WITH AN ASPIRATE H

Words beginning with *h* in French fall into two categeries, *mute* and *aspirate*. We once stated that *mute h* was never pronounced as the name suggests, whereas *aspirate h* was lightly sounded. Not so. Neither is pronounced at all!

So that proved a "pitfall" for us. A further difficulty for the French as well as us is that with *mute h* an "elision" and "liaison" are required, *l'homme, un homme*; and with *aspirate h* they are forbidden, *le hangar, un hangar*. The *aspirate h* marks a hiatus, a pause that would be lost were there an elision or liaison.

So, how can you tell? Well, consult the following list of *aspirate h* words, a list fairly complete but not exhaustive. Also, some French dictionaries (*Le Petit Larousse*, for one) mark *aspirate h's* with an asterisk. There is no hard and fast rule to help distinguish between the two categories. Words derived from Latin are generally *mute h*; non-Latin words, and especially English words, are more often *aspirate h*. But don't rely on it, and how about these examples: *le héros* (aspirate), but *l'héroine* in the feminine (mute); and Sartre's play *Huis clos*, which in its title avoids choosing between *le huis clos* and *l'huis clos*, both possible? *Bon courage!* And, by the way, do you say "a hiatus" in English, or "an hiatus"?

hache, *n.f.*	instrument qui sert à couper le bois
hagard, *adj.*	expression qui indique la peur
haie, *n.f.*	mur fait de buissons ou de branches entrelacées
haillon, *n.m.*	vieux vêtement en morceaux
haine, *n.f.*	contraire d'*amour*
haïr, *v.*	contraire d'*aimer*
hall, *n.m.*	mot anglais, mais pas *corridor*
halle, *n.f.*	marché couvert
halte, *n.f.*	arrêt
hameau, *n.m.*	tout petit village
hanche, *n.f.*	chacune des deux régions du corps sous la taille
handball, *n.m.*	mot anglais
handicap, *n.m.*	mot anglais
hangar, *n.m.*	grand abri souvent employé pour les avions, machines agricoles, etc.
hanter, *v.*	fréquenter, obséder

hara-kiri, *n.m.*	comme en anglais
harangue, *n.f.*	discours
harem, *n.m.*	comme en anglais
hareng, *n.m.*	petit poisson
hargne, *n.f.*	mauvais humeur acerbe
haricot, *n.m.*	légume
harnais, *n.m.*	équipement pour un cheval
harpe, *n.f.*	instrument de musique
harpon, *n.m.*	comme en anglais
hasard, *n.m.*	chance, événement imprévu
hausse, *n.f.*	contraire de *baisse*
hausser, *v.*	rendre plus *haut*
haut, *n.m.*	élévation
haut, *adj.*	contraire de *bas*
hautain, *adj.*	arrogant
La Havane	capitale de Cuba
havre, *n.m.*	port de mer
Le Havre	port à l'embouchure de la Seine
havresac, *n.m.*	sac porté par les soldats au dos

hein!	interjection d'interrogation ou de surprise
hennir, *v.*	un cheval *hennit* quand il crie
hennisse- ment, *n.m.*	cri d'un cheval
héraut, *n.m.*	officier qui autrefois annonçait les messages
héron, *n.m.*	oiseau
héros, *n.m.*	comme en anglais
hibou, *n.m.*	oiseau nocturne qui mange les souris
hiérarchie, *n.f.*	comme en anglais
hockey, *n.m.*	mot anglais
hollandais, *adj.*	qui se rapporte à la Hollande
Hollande, *n.f.*	pays européen
homard, *n.m.*	crustacé avec de longues pinces
honte, *n.f.*	humiliation, déshonneur
hoquet, *n.m.*	contraction spasmodique du diaphragme
hors, *prép.*	excepté

hors de, *loc. prép.*	à l'extérieur de
houblon, *n.m.*	plante de laquelle on fabrique la bière
houille, *n.f.*	combustible comme le *charbon*
houle, *n.f.*	agitation de la mer, mouvement des vagues
hublot, *n.m.*	fenêtre ronde d'un bateau, d'un avion
Huguenot, *n.m.*	Protestant français
huit, *adj.*	chiffre qui vient entre *sept et neuf*
hurler, *v.*	crier
hurrah, *interj.*	comme en anglais
hutte, *n.f.*	habitation primitive

ENGLISH WORDS NOW ACCEPTED IN FRENCH

Correct French usage now accepts hundreds of English words in spite of the protest of purists. Enough are listed here to give you an idea. Or, open your French-French dictionary anywhere and start looking. It's a rare two-page spread that doesn't have at least one such word.

One should be aware perhaps that there are two big categories: those used originally for snob or fashion purposes, and those for which there is no French equivalent, such as *bulldozer*.

N.B. English nouns adopted by the French are usually masculine. Those on our list that are feminine are marked.

aftereffect
attorney
autostop
baby
bacon
badge
banknote
bestseller
blizzard
blue-jean
bluff
boulingrin (bowling green)
bow-window
boy (chorus man)
boy-scout
brainstorming
brain-trust
bridge (jeu de cartes)
briefing
building
bulldozer
business
camping
checkup (medical)
cocker
cockpit
cocktail
copyright
court (tennis)
dancing
design
drugstore
drink
drive (tennis)
engineering
ferry-boat
film
five-o'clock
flirt (flirter)

folklore
footing
gadget
garden-party
girl (chorus girl), n.f.
hall
hamburger
happening
hippie
hobby
in (être in)
interview, n.f. (interviewer)
jazz (hot)
job
jogging
joint-venture
ketch
kidnapper
kilt
kitchenette, n.f.
label
lady, n.f.
leader
leadership
leasing
let (tennis)
living (salon)
lob (tennis)
lobby
lock-out
look
looping (aviation)
lord
love (tennis)
lynch (lynchage) (lyncher)
made in (France)
management
manager
marketing

match (pluriel *matchs* ou *matches*)
missile
music-hall
nurse, n.f.
nursery
O.K.
paquebot (packet boat)
parking
patient (n.) (médical)
performance, n.f.
pin-up
pipe-line
planning
politicien (péjoratif)
pop (musique)
poster
profit sharing
pullover
redingote (riding coat), n.f.
relaxer
revolver
round-up
sandwich
script
select
setter
sex appeal
sexy
shake-hand
shampooing
shopping
short (vêtement)
show
show-boat
side-car
skating
sketch (au théâtre—pluriel *sketches*)
skiff

slang
sleeping (voiture)
slip (vêtement)
slogan
sloop
slow (danse)
smart
smash
smoking (vêtement)
snack-bar
sofa
speaker (celui qui annonce à la radio, etc.)
speakerine, n.f.
sport
standard
standing
star (vedette)
steamer
stick (bâton)
stop
surprise-party, n.f.
sweater
ticket
toast
tramway
trench-coat
trick
trust (combinaison économique ou financière)
up-to-date
wagon
water-closet
week-end
whisky
whist
yankee

Quelquefois un mot emprunté au français se modifie en anglais et plus tard retraverse la Manche et redevient français mais sous sa nouvelle forme. EXEMPLES: nourrice—nurse

l'oeuf (zéro)—love

WORDS AND EXPRESSIONS BORROWED FROM THE FRENCH BUT USED DIFFERENTLY

Many of us have known the frustration of arriving in France and using an expression such as *demi-tasse* that we already know of course, and that we are sure will immediately serve to establish communication. And then we find that the French meaning is not the same as the one we have given it. You will find here a list of the more common of these words. We first give a French synonym, then the French equivalent of the meaning we have bestowed on it in English.

à la mode	✔	chic
	✘	une tarte avec de la glace
brassière	✔	chemise à manches pour les bébés
	✘	soutien-gorge
café	✔	où l'on boit
	✘	restaurant
commode	✔	meuble avec tiroirs
	✘	chaise percée
corsage	✔	blouse
	✘	bouquet de fleurs
demi-tasse	✔	une tasse à moitié pleine
	✘	une petite tasse de café
détour	✔	sinuosité d'une route
	✘	deviation, faire un crochet
encore	✔	toujours, de nouveau, davantage
		Il est encore là.
		Il est encore venu.
	✘	bis, encore une fois

foyer   ✔ cheminée, famille
        ✘ entrée

lorgnette   ✔ petite lunette grossissante
        ✘ face-à-main

WORDS COMMONLY MISSPELLED

This section is of course far from exhaustive. What we have tried to do is list in alphabetical order words that for one reason or another are all too frequently misspelled. It is readily understandable that Anglophones write the French word *mariage* with two *r*'s or *exemple* with an *a*. Others, like beaucoup without the first *u*, are less readily explicable. Carelessness? We don't know, for that particular word seems "pitfall-less" enough, yet far too often it is incorrectly written. You could all offer many other candidates to be included here, but those that do appear we have found especially prevalent.

abbaye	baie
adresse	baigner
agressif	bateau
agréable	beaucoup
ailleurs	brillant
aimable	canon
ajourner, ajuster, etc.	caoutchouc
Allemagne	caractère
annonce	chaîne
apaiser	chirurgie
appareil	choisir
appartement	choquer
appeler	circonstance
aqueduc	commander
asseoir	comprenait
atterrir	confort, confortable
attraper	consommation
auteur	couleur
automne	coûter
avancer	cri

cueillir
danse
danser
définitivement
demeurer
désir
développement
développer
dilemme
diplôme
doigt
dommage
échanger
ennemi
enveloppe
estomac
événement
examen
exemple
exercice
flacon
fondamental
galant
galop
gelé
gentil(le)
grenouille
hasard
héros
hutte
hymne
infirmerie
infortuné
inhabité
intéressant, intéresser
irréligieux, irréligion
jugement
jusqu'à
jusque

langue
langage
leur (pronom)
mademoiselle
magasin
magazine
margarine
marier, mariage
matière
Méditerranée
mélancolie
monsieur
mouvement
occurrence
oeil (yeux)
organisation
paquet
paraît
paresseux
peintre
pilier
pilule
plusieurs
poisson
pratique
professeur
professionnel
puits
recommandation
religieux, religion
rempart
renseignement
responsabilité
ressembler
rez-de-chaussée
ruban
second
scolaire
temps

tentation	veille
tentation	veille
terrasse	vieillard
tout de suite	vieille

LES LIAISONS

Beginning French students in a direct method class do not seem to find liaisons much of a problem. When they are first introduced to reading they may forget, but the awkward hiatus is readily apparent. A *"Comment?"* from the teacher brings a quick correction. There are certainly more errors of omission than of commission.

More advanced students, on the other hand, start to put in liaisons where they shouldn't be, and there is a particular problem with aspirate *h*, which we have already discussed. Finally, there is that confusing area of the *liaison facultative* where there is really no right or wrong but only personal taste. The student, however, having heard both, is perplexed and starts making mistakes in areas where there is no choice.

The tendency in France today is to place more emphasis on individual words and to make the liaison only in those cases where it is required. We have probably been too categoric in our listing of obligatory liaisons. One might just as well say today "des enfants || obéissants" as "des enfants obéissants." Grammarians point out that sometimes a choice permits a rather fine distinction, for example, "un savant aveugle" would indicate "un aveugle qui est savant" whereas "un savant || aveugle" would mean "un savant qui est aveugle."

Liaison Obligatore

1. entre pronom sujet et verbe: vous êtes
2. entre adjectif qui précède et le nom: les bonnes auberges
3. après *est* et *sont*: C'est une femme. Elles sont à Paris.
4. après l'article défini *les*: les hôtels
5. après l'article indéfini *un*: C'est un ours.

6. et aussi après *une*: C'est une source.
7. après un chiffre: deux ailes
8. après *pas*: pas encore (mais on entend pas || encore)
9. après les prépositions: en avion
10. quand il y a inversion: dit-il
11. entre un adverbe et son adjectif: très important

Liaison Interdite

1. après la conjonction *et*: Georges et || Anne
2. entre un nom sujet et son verbe: les animaux || ont faim
3. devant *huit, onze* et *oui*: nous sommes || huit, (onze); il a dit || oui
4. après *am, em, om, um*: un référendum || et || une plébiscite
5. aprés *n* final, *an, non*: le bébé a un an || et demi

Liaison Facultative (Au Choix)

1. devant la conjonction *et*: mes amis et moi; mes amis || et moi
2. après la lettre *g*: un long opéra; un long || opéra

En faisant les liaisons,

les *G*	se prononcent comme un *K*.
les *S* et les *X*	se prononcent comme un *Z*, les beaux esprits
les *D*	se prononcent comme un *T*, un grand homme
les *F*	se prononcent comme un *V*, dix-neuf hommes

PRONUNCIATION PROBLEMS

If French children are continually writing *dictées* the reason is that many words are not spelled as they are pronounced. Their *dictées* are really a more sophisticated form of our spelling bee. These exercises in Spanish, for instance, would be ridiculous as it is almost impossible to misspell a word in Spanish once one understands a few simple rules. Not so in English and French, unfortunately. There have been daring efforts through the centuries to simplify French spelling, to make it phonetic. There have been some changes, obviously, but nothing more than a concession here and there.

We have divided this category into two parts. First, the rule plus the many exceptions for the pronunciation of final consonants; then, some of the words that are most frequently mispronounced by Anglophones. As we do not expect those who use this book necessarily to know the International Phonetic Alphabet, we have simply transposed the spelling into an approximation of the French sound. It is understood, of course, that the transpositions are to be read as French, not English.

Prononciation des Consonnes Finales

En général une consonne finale est muette, excepté quatre—*C, R, F* et *L*. On peut facilement se rappeler cela par le mot anglais *CaReFuL*.

Il suit que le *c* se prononce dans *arc*, stylo "*Bic*," *bac*, *fac*, *parc*, *pic*, *trac*, *troc*, *truc*, *Turc*.

Mais tout de suite, il y a des exceptions: le *C* ne se prononce pas dans *accroc*, *banc*, *blanc*, *broc*, *clerc*, *cric*, *croc*, *escroc*, *estomac*, *flanc*, *franc*, *porc*, *tabac*, *tronc*.

Le *R* ne se prononce pas dans *Alger*, *danger*, *étranger*, *foyer*, *léger*, *oranger* et *Roger*, ni dans les infinitifs du premier (*er*) groupe, ni dans les mots tels que *boucher* qui désignent un métier et se terminent en *er*, ni dans les mots en *ier* sauf *fier* et *hier*.

Le *F* ne se prononce pas dans *cerf*, *clef* et *chef* d'oeuvre.

Et le *L* est muet dans ces mots: *fusil*, *gentil*, et *persil*.

Il y a en outre des cas où une consonne généralement muette se prononce:

Le *S* dans *as* (nom), *hélas*, *lis*, *mars*, *os* au singulier, *plus* quand il veut dire *davantage*, *tennis*, et *tous* employé comme pronom, et de plus en plus fréquemment dans *moeurs*, le *T* dans *dot*, et très souvent en *août*.

Pour les chiffres il y a encore des exceptions. Les consonnes finales se prononcent en *5, 6, 7, 8, 9, 10, 17, 18, 19* mais deviennent muettes s'il y a un nom qui suit qui commence par une consonne, excepté *7, 9, 17, 19*. Le *T* de *20* se prononce de *21* à *29* mais est muet de *81* à *99*, le *X* de *60* se prononce comme deux *S*, le *X* de *dix* comme un *Z* dans *18* et *19*, et il n'y a ni liaison ni élision devant *8* et *11*.

Encore des mots dont la consonne finale se prononce

abrupt	exact (facultatif,
album	mais plutôt oui)
autobus	Fez
biceps	inexact (facultatif, mais plutôt oui)
bis	Islam
brut	laps
but (facultatif)	madras
cassis (mais pas	mazout
la ville Cassis)	oasis
Christ (mais pas	ouest
Jésus-Christ)	ours
circonspect	sens (nom)
(facultatif, mais	sphinx
plutôt non)	soit (adverbe)
coq	sud
décorum	triceps
distinct (facultatif)	virus
district	vis (nom)
est (point cardinal)	

Des Mots Souvent Malprononcés

addenda	[a-din-da]
adéquat	[a-dé-koi]
agenda	[a-gin-da]
alcool	[al-kol]
archaïque	[ar-ka-ique]
archange	[ar-kange]
archétype	[ar-ké-type]
aspect	[as-pé]
balbutier	[bal-bu-si-é]

baril	[ba-ri]
Bengale	[bin-gal]
benjamin	[bin-ja-min]
benzine	[bin-zine]
bonneterie	[bon-tri]
brouhaha	[brou-a-a]
casino	[ka-zi-no]
catéchisme	[ka-te-shise-me]
cerf-volant	[ser-vo-lan]
chaos	[ka-o]
comptable	[con-ta-ble]
condamner	[con-da-ner]
convulsion	[con-vul-ssion]
demander	[de-man-dé]
demeurer	[de-m'heure-ré]
détritus	[dé-tri-tuss]
devant	[de-van]
diplomatie	[di-plo-ma-si]
dompter	[don (p) té]
dompteur	[don (p) teur]
dysenterie	[di-sen-tri]
enamourer	[an-na-mou-ré]
enivrant	[an-ni-vran]
enivrement	[an-ni-vre-men]
enivrer	[an-ni-vré]
enorgueillir	[an-nor-gueil-lir]
étudie	[é-tu-di]
exempt	[èg-zan]
facétie	[fa-cé-si]
facétieusement	[fa-cé-syeuse-men]
facétieux	[fa-cé-syeu]
faisan	[fe-zan]
faisant	[fe-zan]
faiseur	[fe-seur]
faon	[fan]
féerie	[fé-ri]
femme	[famme]
flirt	[fleurte]
geôle	[jôl]

innocent	[i-no-çan]
jaguar	[ja-gouar]
jungle	[jongl'] ou [jungl']
lumbago	[loom-ba-go]
nom	[non]
oscillation	[o-si-la-sion]
paon	[pan]
pays	[pé-i]
paysage	[pé-i-zage]
paysan	[pé-i-zan]
péripétie	[pé ri-pé-si]
personne	[per-sonne]
port	[por]
pouls	[poû]
prompt	[pron]
puis	[pui]
puits	[pui]
pusillanime	[pu-zi-la-nime]
quasi	[ka-si]
référendum	[ré-fé-rin-dom]
respect	[rè-spè]
revolver	[ré-vol-vère]
sandwich	[san-douiche]
schéma	[ché-ma]
scintiller	[sin-ti-yé]
second	[se-gon]
shampooing	[chan-poin]
soûl	[sou]
succinct	[suke-cin]
surplus	[sur-plu]
suspect	[susse-pè]
tuyau	[tui-yo]
vermouth	[ver-moute]
veto	[vé-to]
wagon	[va-gon]
zinc	[zing] (petit bar)
zinc	[zink] (le métal lui-même)
zoo	[zo-o]

À NOTER: 1. La terminaison *tion* se prononce [syon].

2. Au pluriel, le *f* des mots *boeuf* et *oeuf* ne se prononce pas [un *beuf*, deux *beu*].

3. Au pluriel, le *s* du mot *os* ne se prononce pas comme au singulier.

WORDS WITH SEVERAL MEANINGS

It seems useful to identify a certain number of common words that trouble students because of multiple meanings. The list is obviously not exhaustive but suggestive of what can happen in French as well as in English.

aller
1. mener—Ce chemin *va* à Rome.
2. avoir comme destination—Nous *allons* au bord de la mer.
3. s'élever—Les prix *vont* jusqu'à 2.000 francs.
4. marcher—Ce train *va* très vite.
5. se porter—Elle *va* toujours fort bien, elle n'est jamais malade.
6. convenir—Cette robe lui *va* à merveille.
7. le futur proche—Nous *allons* terminer tout de suite.

comme
1. conjonction—indique la comparaison—Il mange *comme* quatre; la manière—Les choses se sont passées *comme* je le souhaitais; la cause—*Comme* il devenait insupportable, je l'ai mis à la porte.
2. adverbe exclamatif—*Comme* vous êtes beau!
3. adverbe de comparaison—Il était *comme* figé.
4. préposition—Tours est très jolie *comme* ville.

complexe
1. comme adjectif: ce qui contient plusieurs éléments différents—Ce garçon a un ca-

ractère fort *complexe.*

ce qui est difficile à analyser—Cette question si *complexe*, il faut l'examiner longtemps.

2. comme nom (m.): un ensemble d'industries—Le plus grand *complexe* automobile se trouve à Détroit.

association de sentiments—Il a un *complexe* d'infériorité.

demeurer, *v.*

1. habiter—Ils *demeurent* dans un manoir normand.
2. rester—Il *demeure* toujours dans son petit coin sans se joindre à ses camarades.

devoir, *v.*

1. être tenu de payer—Je vous *dois* 10 francs.
2. être obligé de faire—Je *dois* payer mes impôts.
3. indique la nécessité—On *doit* toujours être à l'heure.
4. indique l'intention—Il *doit* nous téléphoner avant de venir.
5. indique la probabilité—Il *doit* faire chaud dans le midi en ce moment.
6. indique la supposition—Puisqu'il est absent il *doit* être malade.

À NOTER: #2, 3, 4, 5, 6 sont suivis d'un infinitif.

esprit, *n.m.*

1. âme—Le corps meurt, l'*esprit* survit.
2. être imaginaire—Ce château est hanté par des *esprits.*
3. humour—Beaumarchais est connu pour son *esprit.*
4. sens profond—*De l'esprit des lois* indique ce que sont les gouvernements.
5. intelligence—Il s'en est tiré grâce à son *esprit.*
6. raison, intellect—Son *esprit* s'égare s'il trouve cela logique.

faire, *v.*

1. créer—Dieu a *fait* le monde en six jours.
2. causer—Les avalanches ont *fait* beaucoup de dégâts.
3. accorder—*Faites*-moi le plaisir d'accepter.
4. opérer—Ce médicament *fait* des miracles.
5. accomplir—J'ai *fait* tout le travail.
6. arranger—Il ne *fait* jamais son lit.
7. nettoyer—La femme de ménage *fera* le premier étage demain.
8. simuler, se conduire—Il *fait* le sourd.
9. s'occuper de—La secrétaire n'a rien à *faire*.
10. exercer—Il *fait* bien son métier.
11. égaler—Huit fois sept *font* cinquante-six
12. prendre la forme—Oeil *fait* yeux au pluriel.
13. pratiquer—Il *fait* du tennis.
14. de l'atmosphère—Il fait chaud ici en été.
15. un passé récent—Il ne *fait* que d'arriver.
16. étudier—Il *fait* du français.

glace, *n.f.*

1. l'eau gelée—Il y a de la *glace* en hiver sur le lac.
2. miroir
3. vitre—Si tu veux fumer dans la voiture, descends la *glace*.
4. dessert (de la crème glacée)—la *glace* au chocolat.

grâce, *n.f.*

1. agrément—Elle danse avec beaucoup de grâce.
2. clémence—Le président a accordé la *grâce* au condamné à mort.
3. secours divin—Dieu lui a accordé sa *grâce*.
4. pitié—De *grâce*, dit le mendiant, donnez-moi quelques sous.

louer, *v.*

1. vanter le mérite—Ils ont *loué* la virtuosité du pianiste.
2. retenir une place—Elle a *loué* deux fauteuils d'orchestre.
3. engager—Nous allons *louer* une voiture chez Hertz.

manquer, *v.*

1. faire défaut—Il *manque* d'imagination.
2. être absent—Les acteurs ont *manqué* une répetition.
3. se dérober à—Il *manque* à son devoir.
4. ne pas respecter—Le soldat a *manqué* à son capitaine.
5. faillir—Il a *manqué* de tomber.
6. ne pas avoir assez—Il me *manque* de l'argent.
7. négliger—Ne *manquez* pas de lui faire mes amitiés.
8. ne pas attraper—Il a *manqué* le train.
9. regretter l'absence—Mes amis me *manquent*. Paris leur *manque*.
   N.B. Vous me *manquez* = je regrette que vous ne soyez pas ici (i.e. le contraire de la construction anglaise).

marque, *n.f.*

1. signe qui identifie—Peugeot est une *marque* d'automobile.
2. trace—On peut voir les *marques* d'érosion.
3. empreinte—Nous suivons les *marques* d'un gros animal à travers les champs.
4. trait distinctif—Ce roman porte la *marque* d'un très bon écrivain.
5. preuve—Il nous a donné plusieurs *marques* de son affection.

mettre, *v.*

1. placer—Il *met* des fleurs dans le vase.
2. ranger—Tu *mets* tes affaires en ordre.
3. faire entrer—Son père l'a *mis* en pension.

4. poser sur le corps—Il *met* une chemise bleue.
5. ajouter—Il faut *mettre* beaucoup de sel dans cette soupe.
6. user de—*Mettez* plus de soin dans votre travail.
7. consacrer, passer—Il a *mis* trois heures pour faire le trajet.
8. supposer—*Mettons* que je sois dans mon tort.

part, *n.f.*

1. portion—Chaque garçon a sa *part* de gâteau.
2. communication—Je vais vous faire *part* de ses intentions.
3. personne qui envoie—Ce paquet, c'est de la *part* de Mme Duval.
4. endroit—J'ai laissé mon parapluie quelque *part*.
5. interprétation—Il a pris la nouvelle en bonne *part*.
6. participation—Il a pris *part* à tous nos débats.

peine, *n.f.*

1. tristesse—Les remarques nous ont fait de la *peine*.
2. difficulté—J'ai eu beaucoup de *peine* à finir ce projet.
3. punition—Le procureur a demandé au jury la *peine* de mort.
4. effort—Ce travail vaut la *peine* qu'on s'y consacre.
5. misère—Cette pauvre femme vit dans la *peine*.
6. très peu, presque pas—*à peine*. Il travaille *à peine*.

pièce, *n.f.*

1. chacun (e)—Il vend ces pêches deux francs *pièce*.
2. fragment—les *pièces* d'un moteur

3. objet considéré isolément—Il a acheté une belle *pièce* de venaison.
4. oeuvre de théâtre—Les *pièces* de Molière ont toujours beaucoup de succès.
5. chambre—Nous avons un appartement de cinq *pièces*.
6. partie d'une collection—Les *pièces* qu'il a trouvées en Grèce sont d'une beauté incroyable.
7. monnaie—un billet d'un dollar, une *pièce* de vingt-cinq cents

place, *n.f.*
1. espace—Il n'y a pas assez de *place* ici pour une armoire.
2. emploi—Cet homme cherche une *place* d'informaticien.
3. rang—Il a gagné la troisième *place* au concours.
4. chaise, fauteuil—Les *places* dans cette salle ne sont pas numérotées.
5. partie d'une ville où débouchent plusieurs rues—Je vous retrouve *place* des Vosges.

prendre, *v.*
1. saisir—Le voleur a *pris* son sac à main.
2. se décider à—J'ai *pris* mon parti de le faire.
3. gagner—Notre équipe a *pris* le dessus.
4. saisir par l'esprit—Il *prend* mal mes suggestions.
5. se munir de—*Prenez* un pull; il fait frais.
6. surprendre—Je l'ai *pris* en train de fumer sa pipe.
7. attaquer—On a *pris* l'ennemi par derrière.

que
1. pronom relatif—La vitrine *que* vous regardez est belle.
2. pronom interrogatif—*Que* faites-vous ce soir?
3. conjonction pour introduire une proposition subordonnée—Je pense *que* vous comprenez maintenant.

sauvage, *adj.*

4. conjonction qui sert dans les comparaisons—Il est plus grand *que* moi.
5. adverbe synonyme de *combien*—*Que* de fois ai-je fait ce même chemin!
6. négatif (ne...que) seulement—Je *ne* bois *que* de l'eau.

1. désert—un lieu *sauvage*
2. pas civilisé, contraire de *domestique*—un animal *sauvage*
3. rude, violent—une réponse *sauvage*
4. timide—une manière *sauvage*, un enfant sauvage
5. misanthropique—C'est un *sauvage*, il refuse de sortir.

tout

1. adjectif qui signifie chaque—*Toute* proposition sera étudiée.
2. adjectif qui exprime la totalité—Il a couru *toute* la journée.
3. adverbe qui signifie *entièrement*—Il est *tout* rouge.
4. adverbe qui marque une restriction ou une opposition—*Tout* fatigué qu'il était, il a joué au tennis pendant des heures.
5. nom qui indique la totalité—Le *tout* est plus grand que la partie.
6. nom qui indique l'important—Le *tout* est de travailler.

WORDS THAT ARE HARD TO EXPLAIN

The words contained in this category are words we've found difficult to explain. The list is not exhaustive, but the problems presented here are typical.

accabler, *v.t.* bouleverser, tourmenter, choquer, submerger—
La mort de son fils a *accablé* la mère.
Accablé de travail, je ne pourrai vous accompagner au cinéma.
Accablé de fatigue, il ne pouvait pas les accompagner.

accueillir, *v.t.* recevoir quelqu'un bien ou mal—
Quand je rentre à la maison après une longue absence, mes parents m'*accueillent* à bras ouverts.
Ils nous ont *accueillis* froidement.

affaire, *n.f.* transaction commerciale—
Acheter une maison est une bonne *affaire*.
ce qui concerne une personne—
L'heure à laquelle je me couche, c'est mon *affaire*.
l'ensemble des activités commerciales—
Les *affaires* marchent mal en temps de crise.
vêtements, layout, personnels—
Range tes *affaires* avant de sortir.

agir, *v.i.* faire quelque chose, s'occuper—
Ne te décourage pas; il faut *agir*, te remuer, sortir de cette situation.
se conduire, se comporter, se montrer—

ail, *n.m.* plante—
Le bulbe est utilisé comme condiment. L'odeur en est très forte.
Cette sauce à *l'ail* est exquise.
N'oublie pas de mettre de *l'ail* dans le gigot.

ainsi, *adv.* comme ça, de cette façon—
Je n'aime pas que vous me parliez *ainsi*.
donc, par conséquent—
Ainsi, vous partez?

amarre, *n.f.* cordage, grosse corde ou câble pour attacher un bateau au quai—
Il est temps de larguer les *amarres*.

âme, *n.f.* élément spirituel de l'homme par opposition au corps—
Il n'est donné corps et *âme* à cette cause.
habitants—
C'est un bourg de 800 *âmes*.

à peine, *adv.* presque pas, très peu—
Ils sont restés *à peine* une heure.
À peine Marie est-elle sortie qu'il s'est mis à pleuvoir.

attendre, *v.t.* passer des minutes, des heures avant l'arrivée d'une personne ou d'une chose, avant le commencement ou la fin de quelque chose—
Nous *attendons* les vacances avec impatience.

aubergine, *n.f.* gros légume pourpre qu'on épluche et tranche pour le faire frire.
On met des *aubergines* dans la ratatouille.

aussitôt que, **loc.** *conj.* dès le moment, à partir du moment où
Nous partirons *aussitôt que* le film sera terminé.

autant, *adv.* marque l'égalité, pas plus et pas moins—
J'aime *autant* Picasso que Matisse.

avoine, *n.f.* céréale très estimée par les chevaux et par les enfants, qui la préfèrent chaude—
Le cheval mange de l'*avoine* dans un sac attaché à son museau.

bénir, *v.t.* prononcer la bénédiction, appeler sur une personne ou une chose la protection de Dieu—
Le curé a *béni* les jeunes mariés.
N.B. Il existe une autre forme du participe passé: *bénit, -e* pour indiquer des choses consacrées par une cérémonie; l'eau *bénite*, pain *bénit*.

besoin, *n.m.* nécessité, désir, envie, manque, pauvreté—
avoir *besoin* de quelque chose = en sentir la nécessité
J'ai *besoin* d'un crayon. = Il me faut un crayon.
avoir *besoin* de + infinitif = être dans la nécessité
J'ai *besoin* de manger. = Il faut que je mange.

boue, *n.f.* mélange de terre et d'eau qui forme une matière visqueuse—
Que diriez-vous d'un bain de *boue*? C'est bon pour les rhumatismes.

bouleverser, *v.t.* mettre sens dessus dessous, désoler—
Les nouvelles l'ont *bouleversé*.
L'orage a *bouleversé* le jardin.
Le paysage politique a été *bouleversé* par les récents événements.

bout, *n.m.* extrémité, morceau—
Il y a une porte au *bout* du couloir.
J'ai mangé un *bout* de pain.

brouillard, *n.m.* condition atmosphérique, qui limite sévèrement la visibilité—
Londres est connu pour son *brouillard*.

brouiller, *v.t.* mélanger de façon à ne plus rien reconnaître ou savoir—
Il a *brouillé* la combinaison du coffre.
Le voleur a *brouillé* les pistes.

se brouiller, *v.r.* se disputer, être en mauvais termes—
Il s'est *brouillé* avec sa belle-famille.

s'embrouiller, *v.r.* créer la confusion—
Il s'est *embrouillé* dans ses explications.

se débrouiller, *v.r.* Tu es assez grand pour te *débrouiller* tout seul.

brume, *n.f.* condition atmosphérique qui limite beaucoup la visibilité—
La *brume* s'estompe à l'horizon.

buisson,
n.m.
végétation dense composée d'arbustes (arbres qui restent petits)—
Leur maison est entourée de *buissons* d'aubépine.

casserole,
n.f.
ustensile de cuisine dans lequel on met ce qu'on veut faire cuire—
Il fait cuire les légumes dans une *casserole* en acier inoxydable.

cependant,
conj.
marque une opposition: mais, pourtant, néanmoins—
Leur projet est fascinant; *cependant,* il n'est pas réalisable.

chaque, *adj.*
invariable
toute chose, toute personne sans exception—
Chaque passager recevra une trousse de voyage.
N.B. *Chaque* est toujours au singulier.

châtaigne,
n.f.
fruit du châtaigner, arbre très répandu en Europe et aux États-Unis—
La *châtaigne* est rouge-brun, une couleur très distinctive dont le nom est employé pour décrire une couleur de cheveux. La *châtaigne* est bonne à manger surtout quand elle est grillée. En automne, il y a des hommes qui vendent sous le nom de "marrons" des *châtaignes* grillées dans la rue. (Châtaigne, familier = coup de poing—Il lui a flanqué une *châtaigne.*)

châtai-
gnier, *n.m.*
arbre dont le fruit rouge-brun est comestible lorsqu'il est cuit, bouilli ou rôti—
L'arbre est très commun aux États-Unis. Il est rare de trouver un village qui n'ait pas une rue qui porte le nom de cet arbre.

châtain, *adj.*
couleur rouge-brun—

chaumière,
n.f.
petite maison rustique dont le toit est couvert de chaume, une sorte de paille—

chêne, *n.m.*   arbre dont le bois a la réputation d'être très solide—

chou, *n.m.*   légume qui ressemble beaucoup à la laitue, mais dont les feuilles sont moins tendres; bon à manger avec le corned-beef—
Ils nous ont servi des *choux* farcis.

chou à   excellent gâteau—
la crème—   Mon petit *chou*, mon petit *chou*—expression de tendresse

clou, *n.m.*   petit morceau de métal pointu à un bout, aplati à l'autre, qui sert à attacher une chose à une autre—
Le plancher est fixé par des *clous*.
Pour jouer au golf, on porte des chaussures à *clous*.

d'après,   selon, à l'imitation de—
loc. prép.   *D'après* Carole, le projet sera approuvé.

d'autant,   dans la même proportion—
loc. adv.   Cette nouvelle machine permettra de réduire *d'autant* les coûts de production.

d'autant   surtout, raison additionnelle—
plus,   Elle était *d'autant plus* heureuse qu'elle ne s'y
loc. adv.   attendait pas.

dehors, *adv.*   à l'extérieur
Rentre la voiture dans le garage; ne la laisse pas *dehors*.

déjà, *adv.*   avant le moment actuel—
Sans toutes ces complications, tout serait *déjà* fini.

dentelle, *n.f.*   tissu ajouré, orné de dessins
Elle a acheté une role en *dentelle* pour la cérémonie.

depuis, *prép:*	à partir d'un moment donné— Ils regardent le film *depuis* une heure—il y a une heure qu'ils regardent le film. de cet endroit— Juliette parlait à Roméo *depuis* son balcon.
adv.:	à partir de ce moment— Elle a déménagé il y a six mois et nous n'avons pas de nouvelles *depuis*.
désormais, *adv.*	à partir de ce moment, à l'avenir— *Désormais*, vous serez remunéré tous les quinze jours.
dès que, **loc.** *conj.*	aussitôt que, du moment où, à partir du moment où, lorsque, quand, pas avant et pas après— *Dés qu'il* s'est aperçu qu'il avait oublié ses lunettes, il a fait demi-tour.
devenir, *v.i.*	se transformer, commencer à être ce qu'on n'était pas— La situation est *devenue* critique.
dévoue- **ment,** *n.m.*	sacrifice volontaire de soi-même en faveur d'un autre, d'une idée— Il l'a soigné avec un *dévouement* sans borne.
donc, *conj.*	ainsi, par conséquent— J'ai beaucoup de travail à faire ce soir, *donc* je compte rester à la maison.
drap, *n.m.*	chacune des deux pièces de linge entre lesquelles on se couche— Les *draps* sont en solde en ce moment.
échelon, *n.m.*	chacune des traverses d'une échelle, chacun des degrés successifs d'une série— Elle est ambitieuse; je suis sûr qu'elle réussira à gravir des *échelons*.
écureuil, *n.m.*	petit mammifère grisâtre ou rougeâtre à la queue touffue qui habite les arbres—(Il aime y cacher les noix pour la saison froide.)

	Dans un parc, les *écureuils* viennent demander à manger.
élan, *n.m.*	enthousiasme, ardeur passionnée— Faites attention à vos *élans* de générosité; on risque de profiter de vous.
empêcher, *v.t.*	ne pas permettre, rendre impossible ou difficile à accomplir— Il n'y a aucun obstacle légal qui *empêche* une femme de devenir présidente des États-Unis.
engourdisse- ment, *n.m.*	état d'immobilité et d'insensibilité relatives, torpeur, paresse— Après avoir été assis pendant des heures, un *engourdissement* s'est emparé de ses jambes.
ensuite, *adv.*	après, puis— Acceptez leur offre; *ensuite* vous verrez.
entraîner, *v.t.*	tirer, traîner avec soi— Il l'a *entraînée* sur la piste de danse. occasionner— La crise *entraîne* la fermeture de nombreuses entreprises. préparer à un sport— Il *entraîne* les joueurs pour le match.
entre- prendre, *v.t.*	se décider à faire quelque chose et commencer à le faire— Ils ont *entrepris* de repeindre le rez-de-chaussée.
entre- preneur, euse, *n.*	celui ou celle qui se charge de fournir quelque chose pour un client ou le public; le chef d'une compagnie, surtout d'une compagnie qui fait construire des bâtiments, etc.— Ils ont engagé un *entrepreneur* australien pour construire leur maison.
épargner, *v.t.*	réduire les dépenses, faire des économies, ne pas détruire—

Il faut *épargner* nos ressources à cause de l'inflation.

Le bombardement de la ville n'a pas *épargné* les monuments historiques.

Epargnez-moi vos reflexions, je n'en ai que faire.

épopée, *n.f.*   long poème d'aventures historiques—
L'Iliade d'Homère est une *épopée.*

éprouver,   ressentir, connaître par l'expérience, supporter,
v.t.   essayer—
Il n'est pas rare qu'une personne *éprouve* de la jalousie.

La guerre a durement *éprouvé* ce pays.

Un pilote d'essai *éprouve* les qualités d'un nouvel avion.

espérer, *v.t.*   aimer à croire que ce qu'on désire arrivera—
J'*espère* que notre équipe gagnera le match de football.

J'*espère* que vous allez bien.

essor, *n.m.*   l'effort de l'oiseau pour s'élancer dans l'air—
développement, popularité—
Au figuré, prendre son *essor* veut dire se servir de toute son énergie et de toute sa volonté.

L'industrie automobile connaît un nouvel *essor.*

Ils essaient de donner de *l'essor* à ce nouveau projet.

étaler, *v.t.*   déployer divers objets de façon qu'on puisse examiner chacun d'eux—échelonner, impressionner—(Contraire de *entasser.*)—
Nos voisins nous invitent, simplement pour *étaler* leurs richesses.

Elle a *étalé* une nappe sur la table.

Les Français, de plus en plus, *étalent* leurs vacances.

étalage, *n.m.* exposition de marchandises, endroit où sont exposées les marchandises, exposition à outrance—
J'ai vu un bel *étalage* de fruits au marché.
Cet *étalage* de richesses est indécent.

étourdi, e, qui fait quelque chose sans réflexion, sans
adj. et n. attention—
Il oublie toujours quelque chose. Quel *étourdi*!

farine, *n.f.* blé ou autre grain pulvérisé pour faire le pain, la pâtisserie, etc.—
Ce boulanger n'achète pas de la *farine* de qualité pour faire son pain.

fier, fière, content de ses accomplissements;
adj. qui a beaucoup de vanité, d'arrogance, qui a un sentiment de supériorité sur les autres—
Nous sommes *fiers* qu'il ait réussi à son examen.

fierté, *n.f.* hauteur, sentiment élevé de sa dignité—
Cet institut fait la *fierté* de notre ville.

flâner, *v.i.* marcher çà et là sans se presser, en s'arrêtant souvent pour regarder, marcher sans avoir de destination—
Elles adorent *flâner* dans les grands magasins.

flèche, *n.f.* long morceau de bois dont un bout est pointu et l'autre muni de plumes—
Guillaume Tell a envoyé une *flèche* dans une pomme posée sur la tête de son fils.
Depuis septembre, les prix montent en *flèche*.

foi, *n.f.* croyance en Dieu
Il a perdu la *foi* à l'âge de 15 ans.

foie, *n.m.* organe contenu dans l'abdomen qui sécrète la bile et régularise les divers éléments du sang—
Le Français ne parle que de son *foie*.
Le pâté de *foie* gras est une spécialité française fort renommée. (Le *foie* en question vient des oies.)

foin, *n.m.*   herbe sèche destinée à nourrir les vaches, les chevaux, etc., en hiver—
Autant chercher une aiguille dans une botte de *foin.* (proverbe)

fois, *n.f.*   indication de répétition employée avec un nombre: une fois, deux fois, etc.
Le téléphone a sonné dix *fois.*
2 *fois* 2 = 4.

fougère, *n.f.*   plante verte dont les fleuristes se servent pour entourer les fleurs coupées—
Elle a planté des *fougères* dans ce coin ombragé du jardin.

gâteau, *n.m.*   grande pâtisserie qui est souvent ronde et qui peut servir plusieurs personnes—
Les enfants aiment surtout les *gâteaux* au chocolat.
N.B. *gâteau sec*—biscuit, macaron, etc., petit gâteau qu'on conserve en boîte, et vendu au poids.

geindre, *v.i.*   se plaindre, gémir—
Il n'est jamais satisfait et ne cesse de *geindre.*

gilet, *n.m.*   vêtement sans manches porté sous le veston, souvent de la même étoffe, cardigan—
Prends un *gilet* de laine, il risque de faire froid ce soir.

glisser, *v.i.*   se déplacer d'un mouvement continu après un effort initial: *glisser* sur une peau de banane, sur la glace, sur le pavé mouillé—
Mes nouveaux skis *glissent* bien sur la neige.

glisser, *v.t.*   introduire un objet dans ou sous un autre: *glisser* une lettre sous la porte
Elle a *glissé* une lettre sous la porte.
Il m'a *glissé* un mot à l'oreille.

gonfler, *v.t.* distendre dans tous les sens: *gonfler* un ballon ou un pneu, exagérer—
Si l'on *gonfle* trop un pneu, il éclate.
La rivière était *gonflée* par les pluies.
Le patron a *gonflé* l'importance de l'incident.

goudron, substance noirâtre et visqueuse comme l'as-
n.m. phalte—
Il a du *goudron* sous ses chaussures.

gras, qui est formé de graisse, comme le beurre—
grasse, *adj.* Le porc et le lard sont *gras*.
L'huile est une matière *grasse*.

gravure, *n.f.* image—
Il y a beaucoup de *gravures* dans le Petit Larousse pour illustrer les définitions des mots qui s'y trouvent.

grogner, *v.i.* onomatopée qui suggère le cri du cochon—
(Ainsi, lorsqu'il s'agit d'une personne, c'est faire un bruit qui marque la désapprobation, mécontentement)
Son mari est toujours de mauvaise humeur; il *grogne* tout le temps.

gronder, *v.i.* réprimander, faire un bruit de menace, un bruit long et continu—
Si tu continues à faire des bêtises, tu vas te faire *gronder*.
Les canons *grondent*.
Le tonnerre *gronde*, c'est l'orage.

guetter, *v.t.* regarder secrètement, attendre pour surprendre, surveiller—
Elle *guette* le facteur tous les jours.
La fatigue *guette* les automobilistes.

habile, *adj.* qui sait faire avec facilité et bien faire, adroit, rusé, intelligent—
Attention à ce politicien, il est très *habile*.

Il est *habile* de ses doigts.
Ce n'était pas très *habile* de sa part...

hectare, *n.m.*   dix mille mètres carrés—
100 *hectares* = 1 kilomètre carré.
L'*hectare* = $2^1/_2$ acres, (environ).

honte, *n.f.*   humiliation, perte d'honneur, d'estime, sentiment d'humiliation—
Il devrait avoir *honte* de son comportement.

houille, *n.f.*   le charbon, l'anthracite—
L'énergie de la *houille* est transformée en électricité.
la *houille blanche* = l'énergie produite par des usines hydro-électriques.

huître, *n.f.*   mollusque comestible, la source des perles—
Il vient d'ouvrir quatre douzaines d'*huîtres*.

inquiet,
-ète, *adj.*   qui est troublé, agité, incertain, craintif—
Ils sont *inquiets* de ne pas avoir de vos nouvelles.

interdit,
adj.   qui n'est pas permis, qui est incapable de parler tant sa surprise est grande—
Il est *interdit* de fumer dans cette pièce.
La nouvelle l'a laissé *interdit*.

jaillir, *v.i.*   sortir vivement, en parlant d'un liquide ou d'un gaz—
L'eau *jaillit* d'une fontaine.
Le sang *jaillit* d'une artère coupée.
Des larmes *jaillirent* de ses yeux.

jusque,
prép.   indique une continuation qui ne dépasse pas un certain moment ou lieu—
J'ai travaillé *jusqu'*à onze heures (je n'ai pas travaillé après onze heures).
J'ai voyagé *jusqu'*à Paris (je ne suis pas allé plus loin que Paris).

lutte, *n.f.*   combat entre deux personnes—
(Au figuré: dispute, controverse, conflit.)
Les travailleurs sont en *lutte* depuis des mois.

malin, qui a tendance à dire ou à faire des choses
maligne, malicieuses, fin, rusé, cancéreux—
adj. Une tumeur *maligne*.
C'est très *malin* de sa part (au sujet d'un élève qui se trouve malade le jour d'une grande épreuve pour laquelle il n'a pas travaillé).

malgré, marque une opposition—
prép. Il pleut mais je sortirai = je sortirai *malgré* la pluie.
Malgré les pourparlers, ils n'ont pas désamorcé la crise.

maquis, végétation basse et dense—(Les résistants à
n.m. l'occupation allemande au cours de la Seconde Guerre mondiale s'appelaient les Maquisards parce qu'ils se cachaient dans les terrains sauvages loin des routes et des villes.) Faire du camping dans le *maquis*, se cacher dans le *maquis*.

marais, nappe d'eau stagnante, peu profonde recouvrant,
n.m. un terrain en partie envahi par la végétation.
La police a repêché un cadavre dans le *marais*.

marécage, lieu inculte et humide où s'étendent des marais—
n.m. Les alligators aiment les *marécages*.

marron, fruit rouge-brun du châtaignier qui grillé est très
n.m. bon à manger, une couleur—
Tirer ses *marrons* du feu.

marronnier, arbre de la même famille que le châtaignier mais
n.m. dont le fruit est plus gros que le marron et non comestible—
Le *marronnier* a de jolies fleurs au printemps.
Les *marronniers* le long des rues de Paris sont fameux.

mercerie, *n.f.*	boutique où l'on vend tout ce qui est nécessaire pour coudre: épingles, aiguilles, ciseaux, fil à coudre, etc.— Ma mère achète des boutons à la *mercerie*.
mesquin, e-, *adj.*	qui n'est pas généreux, qui est petit et pauvre plutôt que grand et noble— un geste *mesquin*, une affaire *mesquine*
moisson, *n.f.*	récolte des céréales, action de recueillir— La *moisson* sera bonne cette année. Elle a partagé avec nous une *moisson* de souvenirs.
mouche, *n.f.*	insecte le plus commun qui infeste la maison, etc.— Ils sont tombés comme des *mouches*.
moyen, moyenne, *adj.*	ce qui est entre les deux extrémités, ordinaire, médiocre— Le Français *moyen* Des résultats *moyens*.
moyen, *n.m.*	façon, méthode, manière, comment— Le train est un *moyen* de transport. route à suivre, voie— Quel est le *moyen* de devenir riche? de sortir d'ici? Tous les *moyens* sont bons. N.B. Au pluriel les *moyens* = ressources pécuniaires L'entreprise a mis d'énormes *moyens* à notre disposition. Il n'en a pas les *moyens*, il est fauché.
néanmoins, *adv.*	marque une contradiction, pourtant, cependant, toutefois— Ce garçon étudie, *néanmoins* il ne réussit pas aux examens.

ne...plus, *nég.*	marque la fin d'une action ou d'une situation— Après avoir mangé, je *n*'ai *plus* faim.
ne...point, *nég.*	ne pas du tout— Je n'ai *point* de talent pour la musique = je n'ai aucun talent, etc.
or, *conj.*	par contre, en contradiction— La météo a prédit le beau temps; or, il pleut. introduit un nouvel élément d'un raisonnement— Elle a commencé à me raconter le film, *or* je l'avais vu l'avant-veille.
orge, *n.f.*	céréale employée surtout dans la fabrication de la bière— (On en fait aussi une soupe.)
orgueil, *n.m.*	vanité, sentiment exalté de sa propre importance— Elle l'a remis à sa place et l'a humilié dans son *orgueil*.
orgueil- leux, -se, *adj.*	qui a une fierté excessive; prétentieux, vaniteux Son *orgueil* lui fera perdre tous ses amis.
oser, *v.t.*	avoir le courage, l'audace, la témérité— Je n'*ose* pas dire à mes parents que j'ai échoué à l'examen. Il a *osé* se défendre contre toute une bande de voleurs. quelquefois = avoir l'insolence de— Elle n'a pas *osé* riposter. Comment *osez*-vous partir?
outre que, **loc.** *conj.*	en addition— *Outre qu*'elles sont frauduleuses, leurs activités ne sont pas rentables.
parcourir, *v.t.*	aller partout dans une ville, dans un magasin, dans un pays; lire rapidement—

Elle a *parcouru* la ville à la recherche d'un livre rare.

Il a *parcouru* le texte sans vraiment l'étudier.

pareil, -eille, *adj.* identique, semblable, qui se ressemble exactement, de cette sorte, tel—

Ces deux ordinateurs sont presque *pareils*.

Il n'aurait jamais dit une chose *pareille*!

paysage, *n.m.* vue, site, panorama à la campagne, territoire qui présente un seul aspect—

Ces nouveau bâtiments en pleine campagne défigurent le *paysage*.

plaisanter, *v.i.:* dire ou faire une chose pour amuser, faire rire, ne pas parler sérieusement—

v.t.: s'amuser aux dépens de quelqu'un mais sans être méchant—

plaisanter un ami

n: *plaisanterie*, f.

plissé, *adj.* qui est formé de rides—

Les rideaux sont *plissés*.

v: *plisser*

n: *pli*, m.

poids, *n.m.* lourdeur, pesanteur mesurée, évaluée, comparée; morceau de métal d'une lourdeur déterminée, employé pour peser—

Le *poids* de ce rocher serait de cinq tonnes.

poireau, *n.m.* légume qui ressemble beaucoup au jeune oignon et dont on fait la soupe aux *poireaux*—

pourtant, *conj.* marque une opposition: mais, cependant, néanmoins—

Il est minuit, *pourtant* je ne suis pas fatigué.

profond, -e, *adj.* dont le fond est loin de la surface—

un trou *profond*, un regard *profond*

J'ai une *profonde* affection pour lui.

proie, *n.f.*   victime d'un animal carnivore, exposé à, détruit par—
Le zèbre est souvent la *proie* du lion.
au figuré: La maison était la *proie* des flammes.

puis, *adv.*   ensuite, après—
Ils sont allés à Prague *puis* à Berlin.

quelconque, *adj.*   d'une sorte ou d'une autre, n'importe quel, médiocre—
Si pour une raison *quelconque* vous ne pouvez pas venir, téléphonez-nous.
"Le film était bon?—Non, *quelconque*."

quiconque, *pron. rel. indéf.*   toute personne qui, n'importe qui—
Je le sais mieux que *quiconque* (que personne).
Quiconque se perd à Paris peut s'adresser à un agent de police.
Le règlement interdit à *quiconque* de fumer dans les ateliers.

rein, *n.m.*   organe qui sécrète l'urine, les reins = le bas du dos—
opposer le rein à: rien, la reine, le renne, les rênes du gouvernement, la ville de Reims.
Les *reins* se trouvent de chaque côté de la colonne vertébrale.
J'ai soulevé une valise trop lourde et maintenant j'ai mal aux *reins*.

rien   aucun, nul, néant

rêne, *n.f.*   Il tient les *rênes* de gouvernement.

reine, *n.f.*   Le roi et la *reine* se sont rendus à la basilique.

Reims   *Reims* est la capitale de la Champagne.

ruisseler, *v.i.*   couler en minces filets d'eau—
Après le marathon, il *ruisselait* de sueur.
Les joues *ruisselaient* de larmes.
n: *ruissellement*, m.

soulage- ce qui rend plus supportable physiquement ou
ment, *n.m.* moralement; diminution de sa peine, de ses
problèmes, de ses responsabilités, etc.—
C'est un *soulagement* pour lui de pouvoir enfin
payer ses dettes.

soulager, réconforter—
v.t. Quand j'ai mal à la tête, deux cachets
d'aspirines me *soulagent.*

spirituel, fin, subtil, délicat, spontané, amusant, relatif à la
-elle, *adj.* religion—
On s'amuse toujours avec une personne *spirituelle.*
Une religieuse s'intéresse davantage à la vie
spirituelle qu'à la vie mondaine.

taux, *n.m.* proportion, pourcentage—
Mon père a emprunté de l'argent à la banque
au *taux* de 8%.
Quel est le *taux* du dollar aujourd hui?

tel, telle, pareil, semblable—
adj. Il y avait un *tel* bruit que l'on ne pouvait rien
entendre.
Il y a une maxime qui dit "*tel* père, *tel* fils."
introduit un exemple—
J'aime les peintres italiens *tels* Vinci et
Michelange.

tellement, marque d'intensité, si, à tel point que—
adv. Cette approche serait *tellement* plus facile.
Il aime *tellement* la guitare qu'il ne joue plus
du piano.
beaucoup—
Il a *tellement* changé ces dernières années que
je ne le reconnais plus.
N.B. *Si* et *tellement* sont suivis de *que* pour
marquer une conséquence.
Il roulait *tellement* vite *qu'*il n'a pas pu s'ar-
rêter à temps.

ténébreux, se, *adj.*	contraire de *clair*, qui est d'une grande obscurité, louche— Les motifs du crime sont *ténébreux*.
nom:	les *ténèbres*, m. pl.
tiraille-ment, *n.m.*	douleur qui vient de la contraction des muscles à l'intérieur du corps— pl. désaccords, désunions.
v:	*tirailler*
toutefois, *adv.*	marque une opposition: cependant, mais, néanmoins— Elle passera demain si *toutefois* ça ne vous dérange pas.
tranchant, -e, *adj.*	qui coupe, qui brusque, qui fait mal— Il a répondu d'un ton *tranchant*. Elle m'a envoyé un regard *tranchant*.
v:	*trancher* veut dire *couper*.
n:	*tranche*, f. On sert la viande en *tranches*.
tranchant, *n.m.*	partie du couteau, du sabre, etc. qui coupe— C'est une situation à double *tranchant*.
tricoter, *v.t.*	faire un vêtement de laine en se servant de longues aiguilles spéciales— Elle m'a promis de me *tricoter* un pull en angora.
n:	*tricot*, m.
tuile, *n.f.*	fabriquées en terre cuite, comme la brique, les *tuiles* sont employées pour couvrir un toit— À Paris, le jardin des Tuileries se trouve sur l'emplacement d'une vieille fabrique de *tuiles*.
usine, *n.f.*	grand bâtiment où l'on fabrique des objets et des produits— Les *usines* Citroën fabriquent un grand nombre de voitures par jour.

valoir, *v.i.*	être d'un certain prix—
	Ce tableau *vaut* trente mille francs.
	mériter—
	avoir l'importance de, tenir lieu de—
	Ce village *vaut* le détour.
	Une explication en *vaut* une autre.
v. imp.:	Il *vaut* mieux = il est préférable, il est plus avantageux.

SOME MORE IDIOMATIC EXPRESSIONS

At the end we have added a few idiomatic expressions of great frequency that also appear to cause much confusion, no matter how many times they appear.

À cela près:	à cette seule exception, à part ça— Il m'a remboursé sans me payer d'intérêt mais *à cela près*, j'étais satisfait.
À bâtons rompus:	Discuter *à bâtons rompus* = discuter de toutes sortes de choses—Une conversation *à bâtons rompus*.
À force de:	par conséquent, par des efforts répétés— Ils réussiront *à force de* patience. *À force de* hurler, il a perdu la voix.
À la dérobée:	sans que personne ne s'en aperçoive ou le sache, en cachette, clandestinement— Pendant tout le spectacle, il l'a regardée *à la dérobée*.
À partir de:	en commençant à ce moment, en commençant à cet endroit— *À partir d*'aujourd'hui, tout le monde doit porter des lunettes de protection. *À partir du* sommet de la colline, le chemin est plus facile.

À qui mieux mieux:	chacun de son mieux pour dépasser l'autre— Ils critiquent leur patron *à qui mieux mieux*.
Aller au-devant de:	aller à la rencontre de— Nous sommes *allés au-devant de* nos amis qui arrivaient.
S'attendre à:	compter sur, ne pas être surpris— Ne *t'attends* pas à un miracle! Il a été innocenté, je *m'y attendais*.
Avoir beau:	quoique, bien que, faire un effort— Il *a beau* faire froid, elle va se baigner. = *Quoiqu'*il fasse froid, elle va se baigner. On *a beau* dire, c'est un homme brillant. = On dise, c'est un homme brillant. Son mari *a beau* être un excellent cuisinier, elle ne prend jamais un gramme. = *Quoique* son mari soit un excellent cuisinier, elle ne prend jamais un gramme.
Ça y est:	c'est fait! c'est ça! fini! succès!— "*Ça y est*," a crié le savant, "j'ai trouvé la formule."
Se douter de:	penser, deviner— —Sais-tu qu'il est parti hier? —Je *m'en doutais*, car je l'ai vu faire des valises.
S'en prendre à:	tenir responsable, blâmer, agresser— Si vous échouez, vous ne devez *vous en prendre* qu'*à* vous.
En revanche:	par contraste, en compensation— Il est très gentil, sa soeur *en revanche* est odieuse.
S'en tirer:	sortir d'une mauvaise situation, se débrouiller (le *en* remplace *d'affaire*)— Ils auront de la chance s'ils *s'en tirent*.

En venir à: aboutir à, finir par—
Comment ont-ils pu *en venir à* de telles décisions.

En vouloir à: garder rancune, ne pas pardonner—
Elle nous *en veut* de ne pas l'avoir invitée.

Faute de: parce que quelque chose manque—
*Faute d'*argent, je ne peux pas voyager.
Faute de preuves, il a été innocenté.

Se garder de: se méfier de, ne pas se permettre, éviter, se préserver, faire attention à ne pas—
Elle *s'est* bien *gardée* de nous avertir.
Ce fromage *se gardera* des mois.

Grâce à: par l'action de, à l'aide de, par l'intervention de—
Grâce à leurs subventions, nous avons pu mettre le projet sur pied.
Il a décroché ce poste *grâce à* moi.

Il y va de…: être question de la vie ou de l'honneur de quelqu'un—
Ne répète à personne ce que tu as entendu, *il y va de* la réputation de la famille.

L'échapper belle: éviter un danger mais de peu—
1er élève—Une seconde de plus et le prof te voyait.
2ème élève—Oui, je *l'ai échappé belle.*
Marie—J'ai failli tomber dans l'escalier, mais j'ai pu saisir la rampe.
Hélène—Tu as eu de la chance. Tu *l'as échappé belle.*

L'emporter sur: gagner (le *l'* remplace le mot *victoire* sous-entendu)—
Notre équipe *l'emportera* sur celle du collège voisin.

N'en pou-voir plus:	être à bout de forces, éreinté— J'ai couru toute la journée, maintenant je *n'en peux plus*; il faut que je me repose.
Se plaindre de, *v. pr.:*	Si le devoir est trop long ou difficile, les élèves *s'en plaignent.*
Prendre quelqu'un en grippe:	trouver que quelqu'un est antipathique, ressentir une aversion pour quelqu'un— Le patron l'a *pris en grippe* dès le premier jour.
Prendre son parti:	se résigner à, prendre parti pour quelqu'un— Ils ont *pris parti* pour leur voisin. Il ne sera jamais élu; il en a *pris son parti.*
Quand même:	malgré tout, néanmoins, cependant— Ils étaient très occupés mais ils sont venus *quand même.*
Savoir à quoi s'en tenir:	pouvoir compter sur quelque chose, avoir en main tous les éléments divers d'une situation, s'attendre à, être fixé, être informé— Je connais bien la situation maintenant; je *sais à quoi m'en tenir.*
S'en tenir à:	se borner, ne vouloir, rien de plus— Je m'en tiens à ce qu'ils ont promis.

GENDERS

One can make a few observations about gender that may help the student, but it is a thorny matter at best. Gender does not always follow logic, nor does it always depend on Latin. It is not uncommon for Latin words to change gender in their French derivatives.

Noms toujours du masculin:

1. Les monosyllabiques se terminant en *ain*

   le bain, le pain

   exception: *la main*

2. Ceux en *ou*, *et*, *eau*

   le chou, le jet, le tableau

   exceptions: *l'eau* (f.), *la peau*

3. Les infinitifs employés comme noms

   le parler, le savoir-faire

4. Les jours de la semaine, les mois, les saisons

5. La grande majorité des mots pris à l'anglais

6. Les noms de pays qui ne se terminent pas en *e*

Noms toujours du féminin:

1. Ceux qui se terminent en *sion* et *tion*

   la lésion, la nation

2. La plupart de ceux qui se terminent en *ée*

   la cuillerée, la montée

   quelques exceptions: *un athée, un apogée, le camée, le co-lisée, le lycée, le mausolée, le musée, le rez-de-chaussée, le trophée*

3. Ceux qui se terminent en *ette*

   le *squelette*

4. Les noms des pays qui se terminent en *e*

   Exception: *le Mexique*

Quelques erreurs fréquentes de genre

Sont Masculins	Sont Féminins
un antidote	une acné
un armistice	une algèbre
un asphalte	une amnestie

un astérisque	une anagramme
un augure	une armoire
un automne	une atmosphère
un élastique	une écritoire
un épilogue	une équivoque
un épisode	une idole
un hémisphère	une impasse
un incendie	une interview
un intervalle	une moitié
un midi	une moustiquaire
un obélisque	une oasis
un ouvrage	une optique
un pétale	une orbite
un poulpe	une paroi
un tentacule	une tribu
un termite	
un tubercule	

10 A Potpourri of Grands Pièges

After dividing the pitfalls into categories corresponding to the various parts of speech—nouns, verbs, etc.—we found there were several remaining that did not seem somehow to fit into any of these, either because of their peculiar importance or because they are a bit out of the ordinary. Here they are, all troublesome, all important.

L'ACCORD DU PARTICIPE PASSÉ

1. Les participes passés des verbes qui se conjuguent avec *avoir* restent invariables sauf dans le cas où un objet direct, nom ou pronom, précède le verbe (fréquent dans les propositions relatives).

2. Les participes passés des verbes qui se conjuguent avec *être* s'accordent sauf s'il y a un objet après.

3. Les verbes pronominaux et réfléchis combinent ces deux situations: auxiliare *être*, accord *avoir*:

À NOTER: Le pronom réfléchi peut être indirect aussi bien que direct.
       ils *se* sont *vus*. (direct)
       ils *se* sont *donné* la main. (indirect)
       ou ils *se* sont *parlé*. (indirect)

4. Il est intéressant de noter que les Français font de nombreuses fautes de fautes ici. À noter en particulier:

a. Le langage parlé ne peut distinguer entre *allé, allée, allés, allées*.

b. Les grammairiens ont écrit des livres entiers au sujet de l'accord du participe passé.

c. L'usage actuel, surtout dans la langue parlée, semble moins pointilleux sur cet accord que dans le passé.

d. Le français écrit exige toujours les accords signalés, sauf que nombre de Français ne font pas les accords en écrivant à un ami.

e. L'accord du participe passé n'a pas toujours effrayé les petits Français—c'est une invention des grammairiens du XVIIe siècle, lesquels n'avaient rien de mieux à faire.

CE OU IL?

1. Avec le verbe *être* employez *ce* comme sujet s'il y a un nom, un pronom ou un superlatif après:

   *C'*est Jean.

   *C'*est moi.

   *C'*est le plus beau livre de* la collection.

*À remarquer: *de* remplace généralement *à* ou *dans* après un superlatif.

2. Mais avec un adjectif, quand le sujet est personnel, on se sert de *il*, *elle*, etc.

   Il est grand.

   Dans ce cas un nom de nationalité, de profession, de religion, etc. a la valeur d'un adjectif. Il n'y a ni majuscule, ni article:

   Il est docteur.—*Elle* est française.

   Mais: *C'*est un docteur excellent.

   *C'*est une Française charmante.

N.B. Il est bon de noter l'importance de l'article indéfini dans cette question. Là où il y a l'article indéfini il y aura un *ce*. Il est français. C'est un Français.

ALLER

Attention en employant le verbe *aller* qui exige un complément quelconque, soit un infinitif, soit une locution prépositive, soit le pronom *y*. Il n'est pas possible de se servir d'un *aller* tout seul. Si une destination n'est pas indiquée, utilisez *s'en aller* ou *partir*.

> Je vais partir.

> Je vais à la bibliothèque.

> J'y vais.

Mais: Je m'en vais (je pars) maintenant.

PARTICIPE PRÉSENT

Le participe présent sans préposition se rapporte au mot le plus proche.

> Je l'ai vu *traversant* la rue = je l'ai vu *qui traversait* la rue.

> Je l'ai vu *en traversant* la rue = je l'ai vu pendant que moi *je traversais* la rue.

> Je l'ai aperçue *allant* à l'opéra = je l'ai aperçue et *elle allait* à l'opéra.

> Je l'ai aperçue *en allant* à l'opéra = alors que *j'allais* à l'opéra.

> Il pleurait *tout en* riant.

> Il regardait la télé *tout en* faisant sa déclaration d'impôts.

LES NOMS (LE, PARTITIF)

On peut diviser l'emploi des noms communs en trois catégories—sens précis, sens général, sens partitif. Pour les deux premiers on emploie l'article défini:

> *Les* livres que tu m'as donnés sont bons.

Les livres coûtent de plus en plus cher.

Mais le partitif—je vais acheter *des* livres pour les malades—s'exprime d'ordinaire par la préposition *de* et l'article défini. Mais, dans certains cas, on emploie *de* tout seul.

1. Quand la phrase est à la forme negative: Je ne veux pas *de* livres.

2. Quand le nom est au pluriel et précédé d'un adjectif: Donnez-moi *de* beaux livres.

   Lorsqu'on peut considérer que l'adjectif a perdu sa force et fait réellement partie d'un nom composé, le partitif garde sa forme et ne se change pas en *de*.

   Voilà *des* jeunes filles.

   J'ai mangé *des* petits pois.

3. Après une expression de quantité—

   Donnez-moi beaucoup *de* livres.

   Mais, *la plupart* et *bien* exigent l'article défini, encore. Donnez-nous *encore du* fromage.

   La plupart *des* livres sont arrivés.

   Bien *des* livres sont mal imprimés.

4. Après certaines expressions qui exigent la préposition *de* (avoir besoin, se servir, se passer):

   Je peux me passer *de* livres (ou *des* livres).

5. Et avec ni…ni on n'emploie rien

   Je *n*'ai *ni* livres *ni* cahiers.

SOI OU LUI?

En général *soi* renvoie à un sujet indéfini, et *lui* à un sujet déterminé.

Chacun pour *soi*.

Il faut rester chez *soi*.

Il est difficile de voir quand quelqu'un est assis devant *soi*.

Henri regardait devant *lui*.

Jeanne pense surtout à *elle*-même.

N.B. En parlant des choses, on se sert normalement de *lui*, *elle*, *eux*, *elles*.

L'ancre est tombée à l'eau en entraînant beaucoup de chaînes avec *elle*.

Pourtant *soi* est possible avec un sujet déterminé au masculin singulier:

Le cigare s'est éteint de *soi*-même.

BUT ET RÉSULTAT

Pour exprimer le but, on emploie les prépositions *pour* et *afin de* suivies de l'infinitif ou les conjonctions *pour que*, *afin que*, *de sorte que*, *de façon que* suivies du subjonctif:

> J'écris à mon père *pour* (*afin de*) lui souhaiter un heureux anniversaire.

> J'écris à mon père *pour qu'* (*afin qu'*, *de sorte qu'*, *de façon qu'*) il ait de mes nouvelles.

Pour exprimer le résultat, on emploie les conjonctions *de sorte que* et *si bien que* suivies de l'indicatif:

> L'étudiant a séché les cours *de sorte qu'* (*si bien qu'*) il *a échoué* à l'examen.

LES TITRES

Il y a plusieurs choses à signaler au sujet des titres:

1. L'article défini s'emploie devant un titre de personne à moins qu'on ne lui parle directement:

Le docteur Lebrun est à l'hôpital.

Bonjour, Docteur.

2. L'accord du verbe et de l'adjectif se fait en général dans les titres d'ouvrage. Le professeur dit que *les Misérables sont* un chef d'oeuvre de la langue française. *La Porte étroite serait intéressante* en deuxième année de français.

N.B. Quand le titre est formé de plusieurs noms coordonnés par *et* ou par *ou*, l'accord se fait avec le premier nom.

Paul et Virginie est un livre romantique.

Maigret et les braves gens est un roman policier.

3. La contraction de l'article se fait devant un titre à moins que celui-ci ne soit long:

Nous devons faire la critique du *Rouge et le Noir*, des *Faux-Monnayeurs*, du *Silence de la mer*, du *Malade imaginaire*, etc.

4. La majuscule dans les titres:

a. devant le premier nom:

Guerre et paix—la Cantatrice chauve—Journal d'un curé de campagne—Naufragé volontaire

b. à l'adjectif aussi lorsqu'il vient devant le nom:

les Bas Fonds

c. à l'article défini seulement si le titre est une proposition:

La guerre de Troie n'aura pas lieu—Les jeux sont faits

d. Au premier mot seulement s'il n'est ni article défini ni adjectif:

Si le grain ne meurt—À la recherche du temps perdu—En attendant Godot

N.B. Nous n'avons pas dit tout ce qu'il faudrait à ce sujet. L'imprimeur semble faire à son gré quand il imprime le titre sur un livre. Par exemple, il n'écrirait pas "*le Balcon,*" mais *Le Balcon*, ou bien encore *LE BALCON*.

LES ARTICLES

Quelques pièges à noter:

1. Ne confondez pas *le*, article défini, avec *le*, pronom complément d'objet direct. Le pronom ne fait jamais la contraction avec les prépositions *à* et *de*: i.e., *à* + *le* = *au* seulement quand *le* ou *les* est article défini.

> Je suis content de *le* voir travailler.

> Je suis content *du* travail qu'il a fait.

2. Il faut toujours répéter un article (ou mot semblable) qui se rapporte à plus d'un nom:

> Le thé et *le* café sont des boissons.

> Mon père et *mon* oncle sont à table.

Mais on ne doit pas répéter l'article devant les noms qui forment une expression considérée comme un tout.

> le maître et seigneur

> les frères et soeurs

> les allées et venues.

Il faut noter que dans de tels cas, les noms doivent être du même genre s'ils sont employés au singulier.

Et il faut noter aussi que si les noms sont qualifiés par un adjectif, il est d'usage de répéter l'article.

> Le linge propre et *le* linge sale.

> L'histoire ancienne et *l'*histoire moderne.

3. Quand il s'agit d'un jour précis, on n'emploie pas l'article.

   Je suis parti lundi.

   Mais quand il s'agit d'un même jour toutes les semaines l'article est obligatoire.

   Nous avons cours *le(s)* lundi(s) (tous les lundis).

   Quand on emploie un jour avec le quantième du mois, l'article défini se place devant—*le lundi 4 octobre*—sauf en tête d'une lettre lorsqu'on écrit: *lundi 4 octobre*.

LES NÉGATIFS

1. Toute phrase négative doit se signaler par le mot *ne* placé devant le verbe (sauf le numéro *cinq* ci-dessous où la réponse n'est qu'un mot).

2. Un mot proprement négatif se place soit au commencement de la phrase

   (Personne n'est arrivé)—soit immédiatement après le verbe

   (Je ne fais rien)—ou, dans les temps composés, après l'auxiliaire (Je n'ai rien fait).

EXCEPTIONS: a. *Personne* se place après le participe passé (Je n'ai vu *personne*).
   b. *Que* se place devant le mot qu'il souligne (Je n'ai trouvé *qu'*une solution).
   c. *Ni...ni* de même (Je n'ai acheté *ni* fruits *ni* légumes).

À NOTER: On supprime l'article partitif avec *ni...ni*.
   Quand il s'agit d'un infinitif à la forme négative, l'adverbe se place devant l'infinitif:

   Il passe son temps à *ne rien* faire.

3. Un adjectif négatif se place devant le nom qu'il qualifie mais exige toutefois le *ne*:

Il *n*'a lu *aucun* livre.

Aucun livre *ne* me plaît.

4. Le mot *pas* ne peut s'employer avec un autre adverbe négatif.

5. Les mots *aucun(e)*, *rien*, *personne* peuvent s'employer sans verbe en réponse à une question:

Qu'avez-vous fait cet après-midi? *Rien*.

ADVERBES

1. L'adverbe se forme normalement en ajoutant *ment* au féminin de l'adjectif qui correspond.

2. Si l'adjectif se termine en *i*, ou en *u*, on ajoute *ment* au masculin (joliment, absolument).

(attention: l'adverbe de *gai* s'écrit *gaiement*, ou *gaîment*)

Pour les adjectifs en *ant* et *ent*, mettez *amment* ou *emment* (constant-constamment, fréquent-fréquemment).

3. La question de la force de l'adverbe dépend de sa place dans la phrase. À sa place normale après le verbe, l'adverbe a le moins d'importance:

J'ai répondu *immédiatement* à la lettre que j'avais reçue.

4. À la fin de la phrase, il a plus d'importance:

Il fait beau pour notre pique-nique, heureusement.

5. En tête de la phrase, il a beaucoup de force:

Heureusement, il fait beau pour notre pique-nique.

Heureusement qu'il fait beau pour notre pique-nique.

6. Il y a sept adverbes de lieu et de temps qui aux temps composés ne peuvent pas se placer entre l'auxiliaire et le participe passé:

aujourd'hui	ici	tôt
demain	là	tard
hier		

LES NOMBRES

1. En ajoutant *aine* à un nombre, on obtient une approximation: une vingtaine (un peu plus ou un peu moins de 20).

2. Les nombres cardinaux sont invariables en genre (sauf un, une) et en nombre (sauf quatre-vingts et les multiples de cent, deux cents, trois cents, etc).

3. Quatre-vingts et les multiples de 100 laissent tomber le *s* devant un autre nombre. Ex. quatre-vingt-un, deux cent un.

4. Tous les nombres composés au-dessous de 100 ont un trait d'union sauf 21, 31, 41, 51, 61, 71 où il y a la conjonction *et* sans trait d'union. Ex. vingt et un, quatre-vingt-un.

5. Cent et mille ne sont jamais précédés de *un*.

N.B. *Mille* est invariable aussi bien que *mil*, la forme employée dans l'énoncé des dates: deux *mille* ans

   Ce livre a été écrit en *mil* neuf cent soixante-douze (ou en dix-neuf cent soixante-douze).

6. Pour indiquer une fraction décimale, on emploie la virgule, e.g. deux francs cinquante s'écrie 2,50.

7. Les fractions se forment normalement par un cardinal et un ordinal:

1/8	un huitième
12/13	douze treizièmes

   Mais il y en a trois qui sont irrégulières:

   1/2 = un demi
   1/3 = un tiers
   1/4 = un quart

8. Si un nombre dépasse 999 on met un *point*: 3.999 veut dire trois mille neuf cent quatre-vingt-dix-neuf.

UNE LONGUE SEMAINE

Pour désigner un jour de la semaine prochaine plutôt que le même jour de la semaine actuelle, on dit mardi *en huit*, mercredi *en huit*, etc. De même, *il y a eu huit jours*, mardi indique un mardi de la semaine passée, etc. Pour indiquer deux semaines, on dit dans *quinze jours* ou il y a *quinze jours*.

11 A Potpourri of Petits Pièges

Here you will find a potpourri (spelled *pot-pourri* in French) of random items where French usage and ours differs; indeed, they are sometimes the direct opposite of one another. The use of the lower case in adjectives of nationality may seem of minor importance, but these slight differences are often fascinating. And it gives one a great feeling of linguistic *savoir-faire* to know these things and to be able to observe them.

LES MAJUSCULES

En français on n'emploie les majuscules ni pour les adjectifs de nationalité (le drapeau *français*), ni pour les langues (il est défendu de parler *anglais* en classe).

LES NOMS PROPRES

En français, ces noms ne prennent pas de *S* au pluriel.

> *Les Dupont* et *les Duval* sont arrivés hier soir.

L'HEURE

Les Français emploient l'horloge de 24 heures, mais rarement dans la conversation. On écrit:

> Le train pour Bordeaux part à 17 h 30.

Mais on dit:

> Le train pour Bordeaux part à cinq heures et demie de l'après-midi.

LES INVITATIONS

Pour accepter: M. et Mme Jean Dupont remercient M. et Mme Maurice Duval de leur aimable invitation à laquelle ils se rendront avec le plus grand plaisir.

Pour regretter: à laquelle ils regrettent vivement de ne pas pouvoir se rendre.

QUELQUES FORMULES DE POLITESSE

je vous en prie	pardon
enchanté	veuillez (ou, voudriez-vous)
s'il vous (te) plaît	veuillez agréer
de grâce	rappelez-moi au bon souvenir de
il n'y a pas de quoi	aux bons soins de
de rien	

L'ANCIENNE MONNAIE (ADOPTÉE EN 1726)

4 liards	= 1 sou
12 deniers (ou liards)	= 1 sou
20 sous	= 1 livre tournois (ou franc)
3 livres	= 1 écu
24 livres	= 1 louis (ou pistole)

Bien que l'usage du mot *sou* ait disparu avec la fin de la Troisième République (1940), avant cette date on employait le terme en citant les prix. Il y avait cinq centimes dans un sou, par conséquent vingt sous dans un franc. On disait couramment "dix sous" pour cinquante centimes, "vingt sous" pour un franc, et "cent sous" pour cinq francs.

GUE ET GUË

Tout le monde sait que le féminin de *long* s'écrit *longue*, et que le *u* est ajouté pour indiquer que le *g* se prononce comme en *garçon*. Bon. Regardez maintenant un adjectif qui termine en *u* au masculin singulier, *aigu*, *ambigu*. Le féminin fait *aiguë*; *ambiguë*. Le tréma (les deux petits points comme dans le mot Noël) nous rappelle que le *u* s'y trouve normalement dans les mots *aigu* et *ambigu* et n'est pas ajouté.

PLUS

Ce mot est normalement suivi par *que*.

Il parle plus vite *que* moi.

Mais s'il s'agit d'une quantité, la préposition *de* s'emploie.

Il fait plus *de* quinze fautes par page.

TOUT ADVERBE

Lorsque *tout* modifie un adjectif féminin qui commence par une consonne ou un *h* aspiré, il s'écrit *toute* ou *toutes*:

Elle est *toute* fatiguée.

Elles sont *toutes* fatiguées.

Elle est *toute* honteuse.

MAIS: Elle est *tout* intimidée (tout à fait).
Elles sont *tout* heureuses.

TU OU VOUS?

Un des problèmes pour l'Anglophone apprenant le français est l'existence de deux pronoms à la deuxième personne du singulier.

Le Français utilise *tu* en parlant avec les membres de sa famille, les amis intimes, les collègues, les animaux, les objets inanimés. Les enfants s'en servent sans réserves, mais en grandissant, ils commencent à observer les nuances. Les instituteurs dans les écoles primaires disent *tu* en parlant à un élève, mais dans les lycées et les collèges, ils emploient en général le *vous*. Dans un roman policier, si un inspecteur dit *tu* à un suspect, cela indiquerait que, dans son opinion, un tel suspect est coupable. Dans un roman d'amour, l'emploi du *tu* révélerait assez clairement ce qui se passe entre le héros et l'héroïne. Autrefois, dans certains milieux, les enfants disaient *vous* à leurs parents et aux autres membres de la famille plus âgés qu'eux; aujourd'hui cette coutume a quasiment disparu et le *tu* est de plus en plus répandu.

LES NOMS COMPOSÉS

Les noms composés de rue, d'avenue, de boulevard, de place, de square, de pont, etc. s'écrivent avec des traits d'union.

> l'impasse du Chat-qui-pêche
>
> la rue Saint-Jacques

À NOTER: Les mots *rue*, *impasse*, *avenue*, *place* s'écrivent avec des minuscules

LEUR CHAPEAU? LEURS CHAPEAUX?

En bon démocrate que vous êtes, vous comprenez la doctrine qu'un homme n'a qu'une voix. Les Français poussent cette idée un peu plus loin dans les phrases suivantes:

> Le chirurgien leur a sauvé *la vie.*
>
> Les chiens ne cessaient de remuer *la queue.*
>
> Tous les hommes ont ôté *leur chapeau.*

En anglais, évidemment, tous ces compléments directs seraient au pluriel.

LES MAINS? LEURS MAINS?

Le Français considère qu'en général il est inutile de dire deux fois la même chose. Donc il mettrait, "Les enfants se sont lavé *les* mains," et non pas "*leurs* mains." Puisqu'ils *se* lavent, les *mains* en question ne pourraient être à d'autres. Pourtant, on dit, "Ils se sont lavé *leurs* mains sales" et non pas "*les* mains sales." Lorsque la partie du corps est modifiée (*sales*), on a besoin de l'adjectif possessif pour éviter l'équivoque. Cet adjectif possessif peut suggérer une condition habituelle: Il se plaint de son oreille = (de l'oreille qui le trouble habituellement). Il traîne sa jambe malade = (cette jambe est affligée en permanence).

LE TRAVERSIN

Le lit en France se fait autrement que chez nous. On a un traversin qui se place sous le drap de dessous et traverse toute la largeur du lit à sa tête. Il ressemble à un immense saucisson. Il y a aussi des oreillers pareils à ceux que nous avons qu'on emploie lorsqu'on lit ou mange au lit et aussi quelquefois en plus du traversin pour dormir.

12 Geography

Geography is not always taken very seriously these days, at least not in high school and college. Students, as a result, sometimes have a pretty shaky notion even of where countries are. For the American student of French, there is the further complication that names are spelled differently, that some countries are masculine, although most are feminine, that different rules apply. Since these rules are to be found in any grammar, we have not gone through them again; however, we do draw attention to some matters not usually covered in standard grammars.

1. The United States

2. Cities spelled differently in French

3. French cities spelled differently in English

4. European countries

5. Several other countries

1. **Les États-Unis**

Les noms de tous les États s'écrivent comme en anglais sauf:

la Californie	la Louisiane
la Caroline	le Nouveau-Mexique
(du Nord, du Sud)	la Pennsylvanie
la Floride	la Virginie
la Georgie	

On utilise *en* devant les États féminins; *au*, devant les États masculins, avec quelques exceptions: *dans* l'Iowa, *dans* l'Idaho. On peut toujour dire *dans* l'Etat de _____.

2. Quelques villes dont l'orthographe en français n'est pas comme en anglais:

Anvers (Belgique)
Athènes (Grèce)
Bruxelles (Belgique)
Le Caire (Égypte)
Copenhague (Danemark)
Douvres (Angleterre)
Edimbourg (Écosse)
Gand (Belgique)
Gênes (Italie)
Genève (Suisse)
La Havane (Cuba)
La Haye (Hollande)
Londres (Angleterre)
Moscou (Russie)
La Nouvelle-Orléans (E.U.)
Varsovie (Pologne)
Venise (Italie)
Vienne (Autriche)

3. Trois villes françaises dont l'orthographe en anglais est différente:

Lyon	(pas de *s*)
Marseille	(pas de *s*)
Reims	(pas de *h*)

4. Pays européens (ceux qui se terminent par *e* sont féminins, les autres masculins):

Allemagne	Bulgarie
Angleterre	Danemark
Autriche	Écosse
Belgique	Espagne

Finlande
Grèce
Hollande
Hongrie
Irlande
Italie
Norvège
Pays-Bas (pl.)

Pologne
Portugal
Roumanie
Russie
Suède
Suisse
Turquie

5. Quelques autres pays:

l'Algérie, f.	la Chine	le Maroc
l'Argentine, f.	l'Égypte, f.	le Mexique
le Brésil	l'Inde, f.	le Pérou
le Chili	le Japon	la Tunisie

13 The Metric System

It seems likely that the metric system will one day be univer-
sally adopted. In the meantime, competing systems cause much
confusion and needless expense.

Pour mesurer une étoffe:	le mètre
Pour mesurer un liquide:	le litre
Pour mesurer le poids:	le gramme
Pour mesurer les surfaces:	les mètres carrés
Pour mesurer la superficie:	un hectare
Pour mesurer les volumes:	les mètres cubes

Préfixes des multiples (du grec):

10	= *déca*
100	= *hecto*
1000	= *kilo*

Préfixes des sous-multiples (du latin):

1/10	= *déci*
1/100	= *centi*
1/1000	= *milli*

TABLE DES CONVERSIONS

Les Temperatures

F (Fahrenheit)	C (Centigrade)	F (Fahrenheit)	C (Centigrade)
212	100	60	15
100	38	50	10
90	32	40	4
80	27	32	0
70	21	25	−4

Les Poids

Lb	Kg	Lb	Kg
1	0,450	130	58,5
5	2,250	140	63,–
10	4,500	150	67,5
20	9–	160	72,–
50	22,5	170	76,5
100	45,–	180	81,–
120	54,–		

Les Tailles

5'	1,524 m
5' 66"	1,676 m
5' 8"	1,726 m
5' 10"	1,777 m
6'	1,828 m
6' 2"	1,878 m
6' 4"	1,928 m

Si vous achetez:

Des Chaussures		Des Chemises d'Homme		Des Chemisiers de Femme	
U.S.A.	France	U.S.A.	France	U.S.A.	France
5	38	14	36	10–32	40
6	39	14½	37	12–34	42
7	40	15	38	14–36	44
8	41	15½	40	16–38	46
9	42	16	41	18–40	48
10	43	16½	42		

N.B. Si vous achetez des chaussures, on vous demande votre *pointure* (de même pour les chapeaux et les gants). Par contre, s'il s'agit d'autres vêtements, on vous demandera votre *taille*.

Si vous conduisez une auto: Autres conversions:

1 mile	=	1609 m.

Un mètre	=	circa 39 inches
Un kilomètre	=	circa .621 mile

30 mh	=	48 km/h
40 mh	=	64 km/h
50 mh	=	80 km/h
60 mh	=	95 km/h
70 mh	=	112 km/h

Un litre	=	circa 1¾ pints
Un gramme	=	circa 0.35 ounce
Un hectare	=	circa 2½ acres

14 Final Cautions

And here in conclusion we offer you a few tips about some of the differences in our two cultures. Little things to be sure, but it is through respecting just such customs that we foreigners pay a much appreciated compliment to our hosts. Ignore them, and you will be judged accordingly, either too proud to adapt or too ignorant to know.

ARGOT

The use of argot is a problem for the foreigner. It is all too easy to pick up, especially when associating with the young. And it is a valuable asset for understanding contemporary literature, theater, and films. But three items of caution:

1. Remember that it is always more shocking to hear a foreigner utter an obscenity than a native.

2. Foreigners cannot always distinguish between mere slang and outright vulgarity.

3. This year's slang may be next year's old hat.

FORMS OF ADDRESS

The French are not as quick as we to call people by their first names. Obviously, boys and girls of the same age would do so, but with adults the use of *Monsieur, Madame, Mademoiselle* continues for quite some time. One would never start using a first name immediately upon being introduced. But, here again, formality is beginning to disappear, and the French are becoming more relaxed in these matters.

LETTERS

Writing letters in French is not as easy as it might seem even to the student who has good command of the writing skill. In the first place, when you begin a letter with the word *cher* you mean just that. With business letters, letters to persons you do not know, or know slightly, in short to people who are in no way dear to you, start simply with the word *Monsieur* (or *Madame* or *Mademoiselle*). Save your *chers* for your family and friends.

When it comes to the conclusion, American and French usage vary even more. You cannot get away with a simple "imaginez une fin polie." The conclusion is tricky and complicated, but even in business correspondance one must be what to the Anglo-Saxon would seem flowery. Here are two examples that might be useful:

For business: "Veuillez agréer, Monsieur, l'assurance de mes sentiments les plus distingués,"

For less commercial letters: "Je vous prie de bien vouloir trouver ici l'assurance de mes sentiments les meilleurs."

All sorts of variations may be used, but don't try to get away with a "bien sincèrement" or any other two-word conclusion until you are very well acquainted with the person to whom you are writing.

SHAKING HANDS

It must be remembered that shaking hands is considered basic courtesy among the French, who shake hands whenever they meet, and—if they stop and talk for a while—shake hands again upon separating. A gentleman will kiss the hand of any married woman instead of shaking it.

It is also the custom to kiss friends on both cheeks, not on one only as in the States. It is not unusual for men to observe this custom, too, particularly in the family.

ENVOI

We end this book with two very definite impressions: that we have learned a great deal about a very complex language, and that there is a great deal more for us to learn. And so we add one request. Won't you help us by sending us your reactions, your suggestions, categories you would like to see added, additions to those we already have, other stumbling blocks, anything that would make the path for both teachers and students easier? We have no other ambition than to serve the cause of greater fluency in the French language and greater appreciation of the civilization it reflects.

LES DATES

Souvent en francais l'usage est juste le contraire du nôtre. Nous écririons par exemple 7/14/89 pour la date de la fête de la Bastille. En français: 14/7/89.

TABLE DES MATIÈRES

Si vous ouvrez un livre quelconque pour chercher la table des matières, ne soyez pas surpris de ne rien trouver au commencement du bouquin. En France, cette table se trouve invariablement à la fin du livre, après tout le reste. Encore un petit exemple des différences entre ce qui se fait dans un pays et ce qui se fait dans un autre.

INDEX

Cet index ne contient pas les mots qui font partie des listes différentes (homonymes, faux amis, etc.). Si vous cherchez par exemple les pièges orthographiques, vous n'avez qu'à consulter la Table des Matiéres qui vous indiquera où se trouve la catégorie qui pourrait vous aider. Il y a bien entendu certains mots comme **aller**, **peine**, **savoir**, traités plusieurs fois, qui par conséquent ont trouvé droit de cité ici. Mais, comme chaque partie du livre est présentée en ordre alphabétique, il nous a semblé inutile que ces groupements soient reproduits une seconde fois.

Notes

Notes